人文郑州书库

读写生命大地

——记20世纪知名科学家李伯谦

赵富海 著
郑州市文物考古研究院 编

中国社会科学出版社

图书在版编目（CIP）数据

读写生命大地：记20世纪知名科学家李伯谦 / 赵富海著；郑州市文物考古研究院编，— 北京：中国社会科学出版社，2016.10

ISBN 978 - 7 - 5161 - 9022 - 7

Ⅰ.①读… Ⅱ.①赵… ②郑… Ⅲ.①李伯谦—传记—图集 Ⅳ.①K825.81-64

中国版本图书馆 CIP 数据核字（2016）第 236998 号

出 版 人　赵剑英
责任编辑　郑　彤
责任校对　李　莉
责任印制　李寡寡

出　　版　中国社会科学出版社
社　　址　北京鼓楼西大街甲 158 号
邮　　编　100720
网　　址　http：//www. csspw. cn
发 行 部　010 - 84083685
门 市 部　010 - 84029450
经　　销　新华书店及其他书店

印刷装订　北京君升印刷有限公司
版　　次　2016 年10月第 1 版
印　　次　2016 年10月第 1 次印刷

开　　本　710 × 1000　1/16
印　　张　16.75
字　　数　291 千字
定　　价　160. 00 元

凡购买中国社会科学出版社图书，如有质量问题请与本社营销中心联系调换
电话：010 - 84083683

主　编：任　伟

副主编：顾万发

目 录

前　言

李伯谦取象

生命力，苍穹处起。
在路上，在家国。
读写生命大地，书写中华文明。
一切文化，最后沉淀为人格的魅力。
“夏商周断代工程”首席科学家李伯谦。
夏商周三城，传奇。

这是一个急剧变化的时代，各种思潮、信息不断地冲击着我们的大脑，传统的道德观、价值观正受到多元文化的挑战。在民族复兴之路上，在民族文化的构建上，我们失去了什么？我们需要什么？

一切民族，在经济发达的时候更需要优秀的文化来承载人们的心灵世界。否则这个世界将由于精神空虚而毁于自身的经济繁荣。当代中国，因为它剧烈而快速、复杂且多义的社会转型，我们更要从历史中寻求慰藉，将我们的生活继续。

时代需要我们在物质与精神之间构建一条通道，以便认知自己的民族历史和文化。时代也造就出一批历史学家、考古学家，给构建这条通道打下基础，他们是人类与天地往来的桥梁。

他们的代表人物中就有李伯谦……

一段历史、一个历史事件和一位历史人物，通常是表象化的，最终还要回到逻辑的层面，才能看见本真。

我用“读写生命大地”为书名来抒写考古学家李伯谦，自然是在“书写中华文明”中取象。

李伯谦提出考古学文化因素分析方法，成为继地层学、类型学之后又一种重要的考古学方法。中国古代文明演进的神权、王权两种模式，深刻揭示了中华文明进程的必然之路；中国青铜文化结构体系，完整地构架与解读了中国的青铜时代；晋文化研究，开创性地言他人所未言而自成一家；中国古代文明化历程的八点启示，切入当下，值得我辈认真思考；1996—2000年的“夏商周断代工程”取得阶段性成果，《夏商周年表》更接近历史真实。

2015年，科学出版社出版了《20世纪中国知名科学家学术成就概览》，这部书是对20世纪中国各学科学人成就、建树的集大成之作。钱伟长总主编的这部书，在王巍主编的“考古学卷”中介绍了李伯谦。介绍文字由孙庆伟撰写，分为四个部分。一、成长经历。二、主要研究领域和学术成就：1.完善商周考古教学模式，构建青铜文化结构体系；2.确立三代年表，追寻中华文明之源；3.重视理论建设，强调研究方法创新；4.全力打造高水平教育平台，致力考古人才培养。三、李伯谦主要论著。文前对李伯谦本人作了介绍。

李伯谦（1937—　），河南郑州人。考古学家，1956年进入北京大学历史系考古专业学习，1961年毕业后留校任教，历任助教、讲师、副教授、教授、博士生导师，先后担任北京大学考古系副主任、主任，考古文博院院长兼赛克勒考古与艺术博物馆馆长，教育部人文社会科学重点研究基地北京大学中国考古学研究中心主任，北京大学古代文明研究中心主任，兼任中国考古学会常务理事、中国殷商文化学会副会长、全国哲学社会科学研究项目评议委员、中国河洛文化研究会副会长和名誉会长。

20世纪60年代初，李伯谦即投身中国青铜时代考古，参与编写全国高校通用教材《商周考古》，并先后在河南偃师二里头和安阳殷墟、北京昌平雪山和房山琉璃河、江西清江吴城、湖北黄陂盘龙城、山西曲沃曲村等夏商周时期的重要遗址进行考古发掘。其所著《中国青铜文化结构体系研究》一书，第一次全面系统地阐述了中国青铜文化的谱系和特征。该书的出版标志着中国青铜时代考古进入一个新阶段。20世纪80年代以来，李伯谦长期担任北京大学考古学科负责人，为中国考古学教学体系的建立和文物考古人才的培养做出了突出贡献。

1996年，李伯谦担任国家“九五”重大科技攻关项目“夏商周断代工程”首席科学家，是该工程考古领域的总负责人。2000年，他主持起草了《关于中国古代文明研究的几点设想》，并出任国家“十五”科技攻关项目“中华文明探源工程预研究”的主持人，为深入探索中华文明的起源奠定了坚实基础。他提出的文化因素分析方法、中国古代文明演进的两种模式、文明形成的十项判断标准、文明进程的三个阶段等学术观点，具有重大理论价值。

和千千万万个中国人一样，李伯谦生长在中华大地，他的日子也是每餐一饭一蔬。不同的是，他在他的领域内认知世界。他所做的一切研究，是为了这片土地上的人的自我认知——我们从哪里来、到哪里去，中华文明的历史是怎样的，它从什么时间、在什么地点开始，我们国家的性格，中国在世界文明史的位置如何……这些就是历史给我们的思考。一句话，我们要了解我们的历史，不知道自己历史的民族是可悲的，忘记历史就会成为一个愚昧的民族。

半个多世纪以来，李伯谦的心在路上，身在大地。这是一种寂寞的文化行走，也是一种崇高的学术境界。这一切又是建立在他的历史使命感和道德义务的基础上的，进而实现他的价值观和人生理想。

传世、不朽要借助事业或道德、文章，即所谓立功、立德、立言。李伯谦浩气盈胸，见识卓绝，其高尚的人格会烛照漫长的历史。我访谈了几位“夏商周断代工程”的专家，他们这样描述李伯谦：率真，人情味浓，情可见心，不加雕饰，坦诚待人。李伯谦有君子之风，而他的胸襟坦坦荡荡，还有人文情怀弥漫其间。

时间掠过，暮风秋雨。李伯谦与他的老师、同事、同学、朋友、学生，绽放出了夺目的学术光彩。李伯谦宏阔的历史观和精神观，形成了他独有的人文气息、科学思辨、多元内核。在学术见解与研究方面，他尊重别人的观点，但对自己不认同的看法也绝不苟同，其中就包括自己老师的观点。

李伯谦与他的老师邹衡先生“关于夏文化上限问题”的讨论，成为一场著名的师生学术论争。当时，李伯谦对老师邹衡“二里头四期都是夏文化，覆盖了整个夏朝的历史”这一观点产生了怀疑，因而提出“二里头文化应该属于夏朝的中晚期，也就是二里头遗址是后羿代夏事件之后，夏的都城所在地”。谈及这场论争，李伯谦说：“我爱吾师，更爱真理。”他认为，尊重老师和服从他的每一个学术观点是两个不同的问题。考古工作者最基本的素养是实事求是，有一份材料说一分话。

这让我想起了另一位科学家钱学森，他的学术建树超过了他的导师。他也说过：“我爱吾师，我更爱真理。”钱学森的导师是冯·卡门，冯·卡门的导师是普朗特，他被公认为近代应用力学之父。第二次世界大战结束前，钱学森陪老师冯·卡门率领科学考察团赴德国去考察航空与火箭研究的发展情况，同时拜访已成为美军战俘的老师普朗特。冯·卡门说：“这是一次多么不可思议的会见啊！现在把自己的命运和红色中国连在一起的是我杰出的学生，钱（学森）与为纳粹德国工作的我的亲密的老师会合在一起。”冯·卡门说：“钱，你已超过了我，回去，为你的祖国效劳吧。”

李伯谦是考古学家，钱学森是物理学家，他们都是科学家，又有两个共同点：我爱我师，我更爱真理；都在为自己的祖国效劳。钱学森的工作几乎不为人所知，而李伯谦的工作都是人所共知，他是用生命和智慧读写生命大地。

李伯谦曾经说过:“ 我摸陶片就是一种享受。” 这是考古大家的意趣和对事业的挚爱。

清代思想家龚自珍言:“ 一事平生无齮龁，但开风气不为师。” 李伯谦老师将他的同行、学生都称为朋友，无庙堂江湖之分。他将民间收藏家吴棠海请入北大，专开了一门玉器研究课，李老师称他为朋友。杨永贺是河北省保定市文管所原所长，李伯谦把他引荐入北大考古系，深造 4 年，并且让他带徒弟搞文物修复。

生命是一个等待的过程、奋斗的过程。“夏商周断代工程”首席科学家李伯谦，祖祖辈辈生活在郑州西边的东赵村，此地发掘出夏至周大、中、小三座城，而他的老家就在城根。这简直是传奇。

威廉 · 福克纳说 :“人的不朽，不只是因为他在万物中唯一有不竭的声音，而是他有灵魂——有使人类能够牺牲，能够同情，能够忍耐的灵魂。”

取象李伯谦，是为了将其思想光辉与人格魅力最大限度地阐释，并且传扬天下!

▲ 1966 年 10 月 29 日，在长沙公园与同班同学何介钧合影

老家在东赵：
一个郑州人的北大和夏商周三城

老家东赵，夏商周三城。

穿上母亲缝制的粗布衣上北大。

冬天的棉衣是申请补助来的。

捡拾几块陶片，认为此地是一处大遗址，写了一篇小文章。

50 年后，在夏商周三城城根他的老宅，成了考古队的驻地。

2015 年 6 月 14 日晚，我在嵩山饭店天中楼三楼采访李伯谦。李老师说了两句话：“我怎么说你怎么记，我尊重你的写法。”

据李伯谦回忆，他出生在 1937 年 3 月 22 日，农历二月初十。东赵村李合文家添了个孙子，因为这是李家的长孙，就取名为伯谦。

李伯谦小时候身体不好，母亲担心他能不能长大成人。他的祖父李合文不识字，父亲李德馨上过几年私塾。李家人勤俭持家，一家九口人种着 40 多亩田地，住着 9 间瓦房和几间草房，养着两头牲口，日子还算不错。1943 年，6 岁的李伯谦被送入村中小学读书。家中长辈对他这个长孙寄予厚望，特别是希望他将来能学医，这样不仅有一技之长，而且能够照顾家人。青少年时代的李伯谦勤奋好学，尤其是爱好文学，读鲁迅，读郭沫若，历史和地理也很出色，几乎每次都能考满分，很早就显露出在人文学科中的潜能。

1953 年李伯谦即将升入高中时，差一点失学。新中国成立之初搞土改，李家先是被定为富裕中农；1952 年土改复查，被改定为地主，家境一下子

▲ 1958 年暑假，郭沫若和裴文中、杨钟健、贾兰坡一起，看望北京大学 1956 级、1957 级考古班在周口店猿人洞发掘实习的同学（后排右五为李伯谦）

变得紧张起来。父亲就想让他辍学，去学门手艺来帮助养家。他不肯放弃学业，苦苦劝说父亲同意他继续念书。1953 年夏，李伯谦进入荥阳高中。当时荥阳是开封行署所在地，荥阳高中的师资力量雄厚。进入高中后，他非常珍惜来之不易的学习机会，更加刻苦努力，成绩在学校中名列前茅。

1956 年夏，李伯谦以优异的成绩考入北京大学。但他这个农民子弟根本不知道考古是何物，而是满怀着对鲁迅、郭沫若、茅盾等作家的无限崇拜报考了中文系，梦想着将来也能当一名作家，结果中文系没录取，却由于历史成绩突出而进了北京大学历史系。这一年的夏天，瘦弱的 19 岁的李伯谦带着母亲亲手缝制的几件粗布衣服，只身来到了北京西北郊的燕园。而此时，他这一年冬天的棉衣还没有着落。靠着一件从学校申请来的棉大衣，他在北京大学度过了第一个冬天。

当时北京大学历史系有中国史、世界史、考古三个专业，第一年不分专业，全体学生合在一起上基础课。张政烺、齐思和、邓广铭、商鸿逵、田余庆、

▲ 1961 年 4 月，宿白、阎文儒老师带领北京大学 1956 级考古班参观山西大同华严寺下寺（站立记录者左侧第一位是李伯谦）

许大龄等相继授课，令他眼界大开，暗自为误打误撞进了历史系而庆幸。可是到了1957年春夏之际，第一学年的学习很快就要结束，每个学生都要选择专业，这可让李伯谦犯了难，不知如何决定。这个时候，教旧石器时代考古的吕遵谔老师来动员说："学历史就要搞考古，考古多好，游山玩水。"吕老师说的"游山玩水"引起了李伯谦的兴趣，他便选择了考古专业。这年暑假，李伯谦在东赵村南的取土坎上捡了几块古代陶片，还写了一篇小文，说这里可能是一座商代大遗址。

1958年"大跃进"开始了，要过共产主义生活，所以暑假去田野实习。在吕遵谔老师的带领下，李伯谦和同学们来到著名的周口店猿人遗址进行考古发掘实习，这是他入校两年以来第一次真正有机会接触田野考古，既兴奋又激动。特别是发掘期间，郭沫若、裴文中、杨钟健、贾兰坡等人到工地上看望大家，更激发了他对考古的热情。发掘间隙，李伯谦和同学们一起查找资料，访问科学家和老技工，在老师的指导下编写了《中国旧石器考古小史》。这次短暂的田野实习，使他对考古有了真切的认识。

1959年春天，李伯谦又参加了一次完整的田野考古实习——发掘陕西华县泉护村和元君庙新石器时代遗址。从这年的3月到8月，他们不仅发掘了元君庙仰韶文化早期的墓地，亲手清理出几千年前的氏族社会墓葬，还到了临潼、西安、宝鸡等地的考古遗址和博物馆参观，深刻地体会到考古工作是研究古代社会的重要手段。这一次实习，坚定了他献身考古事业的决心。

1961年夏，李伯谦毕业了。苏秉琦老师认为他成绩不错，各方面表现突出，就留他在北京大学历史系考古专业任教。几十年来，他始终坚持在田野考古的第一线。李伯谦带学生、带研究生主持和参加考古发掘20多次，开展考古调查50余次，工作区域北至黑龙江肇源，南至广东揭阳、汕头，西至青海西宁，东至山东泗水。特别是青铜时代的重要遗址如河南偃师二里头和安阳殷墟、北京昌平雪山和房山琉璃河、江西清江吴城、湖北黄陂盘龙城和荆州荆南寺、山西曲沃曲村，这些地方都有李伯谦的身影。

李伯谦田野考古数十年，先当学生后带学生，可谓时间漫漫，所以，他将考古文化行走与登上三尺讲坛并重。

1961—1963年，李伯谦先是留校任教，尊从师命主攻商周考古；未及登讲坛，即下田野考古，开始了他的"青铜时代"文化行走。

▲ 1972年冬，参加出土文物展览筹备工作时，与全体工作人员合影（前排右二为李伯谦）

▲ 1975年春，带1972级考古班部分同学在青海柳湾考古实习时，与同学们摄于瞿昙寺（前排右三为李伯谦）

1961 年 10 月，在北京大学历史系考古专业学习了五年的李伯谦，因品学兼优而被考古专业正、副主任——考古学家苏秉琦和宿白相中，留校任教。由于当时商周考古方向的教员只有邹衡一人，所以，苏秉琦建议李伯谦以商周考古尤其是东周考古为自己的主攻方向。未等在校园里安顿下来，李伯谦就打起行囊，与邹衡、俞伟超、高明等几位教员一起，带领考古专业 1958 级学生到北京昌平雪山遗址进行考古发掘。这次发掘，不但发现了相当于夏商时期的雪山三期文化遗存，而且发现了西周时期遗存和东周时期的燕国墓葬，首次带队发掘就接触到大量青铜时代遗存，这让李伯谦更加坚定了今后从事青铜时代考古研究的志向。

1962 年 9 月，李伯谦又和高明、严文明等同事，带领考古专业 1959 级学生到安阳殷墟发掘。殷墟堪称中国考古学的圣地和摇篮，更是每一位从事青铜时代考古研究者的向往之地。在将近 5 个月的时间里，北京大学的师生们参加了殷墟大司空村商代遗址的发掘和资料整理，并对豫北纱厂和大正集等遗址进行了调查和试掘。通过这次发掘，李伯谦获得了对殷墟商代晚期考古学文化面貌的总体认识。

1963 年 9 月，李伯谦又带领北京大学考古专业 1960 级学生到河南偃师二里

▲ 1974 年在江西清江吴城实习，到井冈山参观，与李仰松、贾梅仙老师及 1972 级实习同学在毛主席旧居前合影（后排左四为李伯谦）

头遗址进行考古发掘。二里头遗址是考古学家徐旭生 1959 年在豫西调查“夏墟”时发现的，该遗址规模宏大，文化遗存丰富，是当时探索夏文化和商汤亳都的重要对象。能够到二里头遗址发掘，是夏商周考古工作者梦寐以求的事情。发掘和整理工作一直持续到次年 1 月，初步把二里头文化遗存分为早、中、晚三期。

连续三年，每年都有将近半年的时间到野外进行发掘和整理，这不仅充分锻炼了他的田野考古能力，更重要的是，这三处遗址在时间上纵贯了夏、商、周三大历史时期，二里头和殷墟更是夏商时期都邑性遗址，这让李伯谦在最短的时间内建立起了完整而又扎实的夏商周考古学框架。

李伯谦参与编写的《商周考古》讲义是为工农兵学员（注：特指 1970—1976 年进入高校学习的学生，也叫工农兵大学生）准备的，后来成为国家考古教学标准讲义。2015 年 8 月，我将本书提纲发给李伯谦老师看，他当即回电话说：“《商周考古》是我老师邹衡的作品，将这段去掉！”

“文化大革命”开始后，李伯谦被终止了学术活动，他被安排到北大哲学系学哲学。如今回过头看，还要感谢这段经历，正因为接触了哲学，李伯谦的逻辑思维才如此缜密，这也体现在他的文章和谈话中。

▲ 1978 年夏，参加在庐山召开的“中国南方几何形印纹陶学术讨论会”时，与安志敏、邹衡、李仰松、张忠培、严文明、匡瑜先生在一起（右一为李伯谦）

1971 年，北京大学考古专业为次年招收工农兵学员做准备，便把李伯谦从哲学系抽调回历史系。回到系里的首要任务，就是协助他的老师邹衡，为即将入学的第一批工农兵学员编写《商周考古》讲义。从 1961 年毕业留校到 1971 年返回本专业，前五年基本上是在考古工地上度过的，后五年则大多耗费在政治运动中，当了十年老师的李伯谦，居然还没有一次登台讲课的机会，突然接受编写专业教材的任务，李伯谦面临的压力可想而知。

按照分工，李伯谦负责《商周考古》讲义的“序言”和“商文化”两部分。李伯谦没有授课经验，但他在殷墟的两次发掘发挥了关键作用，田野发掘让

▲ 1979 年，在山西侯马工作站整理调查资料

▲ 1980 年秋季，在山西天马—曲村实习时，与前来工地视察的宿白先生合影（从左至右为蒋祖棣、吴振禄、宿白、叶学明、李伯谦、孟爱华）

他对殷商文化有了最直观的认识，所以，他很快就写出了高质量的讲义，并于 1972 年印出了铅印本，作为当年入学学生的教材。此时，国内很多高校的考古专业还开不出完整的商周考古课程，所以，李伯谦分别于 1973 年和 1979 年应山东大学和南京大学之邀，为两校新成立的考古专业讲授商周考古课程。

在参与编写教材的同时，李伯谦一刻也没有放松田野考古工作，他似乎又回到毕业留校之初的那段时光，年年奔波在考古工地上。1972 年，他发掘北京房山琉璃河西周燕都遗址；1973 年，他带学生赴石家庄、安阳、郑州和洛阳等地参观学习；1974 年，和江西省博物馆合作，发掘清江筑卫城新石器时代遗址和吴城商代遗址；1975 年，他远赴青海乐都柳湾和甘肃永登连城史前遗址发掘；1976 年，他南下湖北，发掘黄陂盘龙城商代遗址；1977 年，他出席河南登封告城遗址发掘现场会；1978 年，他在承德整理内蒙古敖汉旗大甸子遗址出土的夏家店下层文化墓葬资料；1979—1980 年，他连续对山西曲沃县的天马—曲村晋国遗址进行调查和发掘；1981 年，他又赴湖北孝感地区，调查当地新石器时期和商周时期遗存；1982 年，他在安徽六安、霍邱、寿县一带进行考古调查和试掘。

李伯谦参与编写的《商周考古》铅印本讲义，陆续由北京大学考古专业寄赠全国各有关单位征求意见，最后由邹衡执笔修改，成为正式教材，并于 1979 年由文物出版社出版。这是中国青铜时代考古领域第一本系统教材，一经出版就广受好评，成为全国高校考古专业的通用教材，并于 1988 年荣获全国高等学校优秀教材奖。次年，由邹衡、李伯谦和刘绪共同主持的“商周考古课程教学改革与收获”，荣获国家优秀教学成果奖。《商周考古》的出版，标志着中国高校考古专业中，青铜时代考古教学体系的首次确立，北京大学“商周考古”课程遂被全国各高校所沿用。

1957 年夏天，北京大学学生李伯谦在东赵村采集到绳纹陶片、陶瓮、石镰等遗物，并撰文说，这里可能是商代大遗址。1960 年，郑州市三十六中学教师郭增福（李伯谦当年的小伙伴）在东赵村采集到一件平底铜爵，年代属于二里岗时期。2005 年，已是考古学家的李伯谦，指导北京大学考古文博学院与郑州市文物考古院联合发掘东赵遗址。2014 年，发现夏、商、周“三城叠压”。2015 年，东赵遗址入选“2014 年度全国十大考古新发现”，国内媒体争相报道。

郑州文物考古院的张家强是东赵遗址发掘工地的负责人，他说，1957 年李伯谦就读于北京大学历史系考古专业期间，调查过该遗址，采集到绳纹陶片、陶瓮、石镰等遗物。1960 年，和李伯谦一个村的郑州市第三十六中学历史教师郭增福在遗址北侧冲沟内，采集到一件平底铜爵，年代属于二里岗时期。第三次全国文物普查时，对东赵遗址进行了复查，发现有丰富的二里头至战国时期遗存，定为河南省文物保护单位。1985 年在郑州西北郊区进行考古调查时，确定赵村西侧岗坡上有商代遗址。2011 年，北京大学考古文博学院与郑州市文物考古研究院合作“中原腹心地区早期国家的形成与发展”课题，进行了先期的考古调查工作。2011 年冬季，北京大学考古文博学院与郑州市文物考古研究院对东赵遗址进行了复查，在村东南发现了沟状河湖相堆积，在堆积的底部发现有龙山晚期陶片。当时顾万发在对遗址东部断崖剖面清刮时，发现基槽状堆积，初步判断东赵遗址存有城址。2012 年春季，又对一些重要遗迹进行了分析，确认了东赵遗址有龙山文化至商末周初文化遗存。

东赵遗址的文化内涵十分丰富，遗存年代跨越龙山文化晚期、新砦期、

▲ 1985 年，苏秉琦、张政烺先生参加“晋文化研究座谈会”，与北大师生合影（右一为李伯谦）

▲ 1985 年，张政烺先生参加“晋文化研讨座谈会”以后，由侯马至垣曲过黄河，赴渑池参加“仰韶文化发掘 65 周年纪念研讨会”时，与送行者合影（左二为李伯谦）

▲ 20 世纪 80 年代，与严文明一起考察黑龙江省遗址时，与杨志军队长合影

二里头文化一至四期、早商二里岗期、两周时期，年代序列完整，其中以新砦期、二里头时期、二里岗时期文化遗存最为丰富。

张家强在《郑州东赵遗址发掘重要收获》中，阐述了对东赵小城、中城、大城文化价值的认知。

东赵小城位于东赵遗址的东北部，城址方向为北偏东 5°。经过勘探可知，东赵小城平面基本呈方形，长 150 米，面积 2 万多平方米。因受土地平整影响，小城破坏严重。根据解剖可知，墙基宽 4 米左右，保留最深处近 1.5 米。基槽内夯土土质较为紧密，土色均为浅黄色，夯层较为清晰，层厚为 5—8 厘米。

东赵中城位于东赵遗址中部，城址方向为北偏东 10°。中城平面基本呈梯形，南宽北窄，其中南城墙长 256 米，北城墙长 150 米，南北长 350 米，面积 7 万多平方米。中城当时是依地势而建，城墙基槽南高北低。中城城墙的墙体多被破坏，仅存墙基槽部分。墙基宽 4—7 米不等，基槽内夯土土质较为紧密，均为浅黄色，夯层较清晰，层厚 6—8 厘米，部分剖面尚可见到清晰的圜底夯窝。城壕宽 3—6 米，深 2—3 米，壕内均为淤土堆积。值得注意的是，在中城城墙基槽内发现一具幼儿骨架，应当为筑城时的祭祀遗存。东赵中城始建于二里头二期，废弃于二里头四期早段。

▲ 2013 年 4 月 11 日，在河南郑州东赵遗址，右为郑州市文物考古研究院顾万发院长

▲ 2013 年 4 月 11 日，在河南郑州东赵遗址

▲ 2014 年 8 月 27 日，在河南郑州东赵遗址

东赵大城破坏较严重。结合勘探确定，大城整体形状呈横长方形，城址方向为北偏东 15° ，东西长约 1000 米，南北宽 600 米，面积近 60 万平方米。大城城墙多残存基槽部分，基槽形状为倒梯形，槽深约 1 米，上口宽 1 米，底宽约 0.4 米。夯土质量较高，基槽内出土陶片为东周时期。大城城壕宽 3—6 米，宽 2—3 米，壕内包含物较少。东赵大城的年代为东周战国时期。

还发现了祭祀坑 H342，打破小城北城墙基槽，近圆形，坑内出土近 20 块卜骨，卜骨系牛肩胛骨，灼痕明显，性质应为祭祀坑，年代为二里头二期，这是目前发现的二里头时期单个遗迹出土卜骨最多的单位，具有重要研究价值。

东赵遗址的遗物以陶器为主，有相当数量的石器，发现少量骨、蚌器。陶器以灰陶为主，有夹砂、泥质之分，器类多样，主要有深腹罐、花边罐、捏口罐、盆、甑、矮领瓮、小口高领罐、附加堆纹缸、觚、鬲、大口尊、豆、斝、碗等。石器以生产工具为主，主要有铲、斧、刀、镰等。骨器有骨匕、骨簪等，蚌器有刀、镰等。还发现有商周时期的贝和一件二里头时期玉柄形器。

张家强将东赵遗址大、中、小三个城址的学术价值概括为 4 点。第一，发现了一座新砦期城址。这是目前嵩山以北区域发现的第一座新砦期城址，

▲ 2014 年 8 月 27 日，在河南郑州东赵遗址

▲ 2015 年 10 月 16 日，在河南郑州东赵遗址

郑州东赵城址考古

▲ 2014年12月16日，参加“郑州东赵遗址考古新发现与保护座谈会”

丰富的遗存使新砦期的分期与文化面貌更加清晰，有助于学术界对新砦期遗存深入研究。第二，发现了一座二里头文化早期城址，发现了二里头时期单个遗迹出土的卜骨，发现了二里头时期城墙基槽内奠基现象。这些发现均具有重要研究价值。第三，发现大型的“回”字形二里岗期夯土建筑基址，面积超过3000平方米，是目前发现规模仅次于偃师商城的早商建筑基址，由此可彰显东赵遗址在早商时期重要地位。第四，发现一座东周时期大型城址及丰富的西周、东周时期文化遗存，有助于文献中两周时期该区域有关封国的探索。

郑州市文物考古研究院院长顾万发在谈及东赵遗址时，指出其有三个重要价值。

首先，发现叠套的大、中、小三座城址。在东赵遗址同一地发现了三座城址，这种“一地三城叠罗汉”的现象，在考古学上罕见。

其次，发现商代大型宫殿基址。在东赵遗址的南部发现一座商代大型建筑基址，叠压着二里头文化时期中城的东南角，东西长约75米，南北长约40米，是一座大型回廊式建筑，主殿和围廊地面主体已被破坏。其始建于二里岗文化二里岗下层早段，至二里岗文化二里岗下层晚段始废。该回廊式建筑面积3000余平方米，是目前郑州地区发现的早商时期面积最大的完整宫殿。

另外，遗址内发现的二里头文化一期遗迹、二里头文化二期灌溉网络、二里岗文化白家庄期遗迹及西周早期遗迹等，虽然看似普通，但是对于更好地理解整个遗址的变迁史也具有非常重要的价值。

再次，遗址遗迹反映出许多重要历史信息。第一是东赵小城。它与新砦期的新砦、花地嘴、瓦店等遗址密切相关，互为网络，应该是“后羿、寒浞代夏”时期的一处重要军事要地。第二是东赵中城。它繁盛于二里头文化二、三期，正是整个夏王朝时期的辉煌阶段。参看郑州地区的望京楼、滹沱岭、西史村等夏代城址以及二里头、蒲城店等其他地区的夏代遗迹，东赵中城应该是夏王朝繁盛时期在郑州地区的重要卫星城市。第三是东赵大城。其时代为战国晚期，这一时期郑州地区基本尽归战国七雄之一的韩国。从城墙建筑、城市基本布局并且结合韩故城的发展看，它应该是当时韩国国王命人所作之邑，可能是韩国的附属小国或韩国首都的护卫城。第四是东赵宫殿建筑基址。其面积巨大，时代为二里岗下层时期，这一时期郑州商城正是发达时期，商代早期诸王均在此立都。此处应该是供商王朝王室使用的离宫之类设施。第五是西周早期遗存。东赵遗址发现了丰富的西周早期遗存，结合文献、金文及卜辞记载，这类遗迹很可能与文献记载的旃、丹之地及古檀国有关，从而为寻找古檀国提供了重要线索。

东赵遗址“三城叠压”是个奇迹，它的发现和发掘更是演绎了一个传奇。从小居住在夏、商、周三城城墙根下的李伯谦，20 世纪 90 年代出任“夏商周断代工程”首席科学家。此后十几年间，发掘出夏、商、周三城的，许多是李伯谦的学生或者学生的学生，例如郑州市文物考古研究院院长顾万发、北大教授雷兴山，而这个考古队的驻地，竟然是李伯谦世代居住的老宅，这可真是神话，更是传奇！

上苍早就安排李伯谦去做“夏商周断代工程”，让他降生在郑州东赵夏、商、周三城这块热土上，正所谓“天降大任于斯人”。两千多年前的司马相如说：“世必有非常之人，然后有非常之事，有非常之事，然后有非常之功。”我将李伯谦对号入座：非常之人做非常之事，有非常之功。

从 2003 年开始，郑州市文物考古研究院在郑州第三次文物普查中，将东赵遗址作为考古发掘点，开始了长达 10 年的发掘，李伯谦担任学术指导和顾问。我问李伯谦，听说东赵遗址全票通过全国十大考古新发现，李老师说：“票数是保密的，就是评上了，如轻风在我耳边吹过。”

原工作于郑州市文物考古研究院的王文华主持发掘夏代大师姑遗址，写出发掘报告，他请李伯谦老师写序，李序是考古大家的文化散文，读来亲切、温暖。他写道：“在我的家乡，有一座 4000 多年前的古城，这真让我高兴。”这是浓烈的家国深情在内心的一种蕴含，是不能用时下流行的所谓“低调”来解读的。

2015 年 6 月 14 日中午，李伯谦打电话给我，说下午三点去东赵，同行的有美国记者。我们在地层剖面前合影，我俩身后远处是大城的城墙，它已在此伫立三四千年。向北不远处是李老师的家，李家世世代代在这里居住。李伯谦出生在这里，幼年在这里玩耍，少年求学从这片土地走过。考入北京大学后，每年假期他又踏上故乡的路。如今，他的老屋已被郑州市文物考古研究院使用。仅这十年间，他的足迹何止千百万次地印在夏、商、周三城和他的老家的土地上。

东赵遗址夏、商、周三城屹立在夏日的阳光下，我与李老师、郝老师、美国记者杰瑞行走在远古的土地上。他眯眼看前方：“走，去我家。”

先进李伯谦四弟的家，他扫一眼墙上的照片说：“四弟挂我的照片装门面。”大家笑了。我在李伯谦四弟的堂屋逗他的孙子说：“小伙子，长大有人问你哪儿的人呐？你就告诉他，俺老家东赵，住夏、商、周三城，有4000多年了。”同行的美国记者杰瑞哈哈大笑，他专程来郑，采访“中华文明探源工程预研究”主持人李伯谦。东赵遗址发掘工地的负责人张家强也笑了。在这幕鲜活的传奇剧中，演出的还有李伯谦老师的家属，他们不仅腾出了老宅，让考古队办公，还以“业余考古人”的身份参与发掘东赵遗址，一进入现场，就是十个年头。

除了李老师的家人，还有乡里乡亲。我在当地随便问一位正在现场工作的农民，他说他姓李。问来工地多长时间，他说有年头了。我问：“能分清土层吗？”他说：“跟俺老李家的大专家，哪会错，他叫咋挖就咋挖呗。”“你挖的是哪个时期的遗址？”他哈哈笑：“夏商周三个城，有4000多年的，有3000多年的，也有2800多年的。”李姓“业余考古人”又说：“现在清理、保护，将来要建遗址公园，俺一脚就进到4000多年前的城里了。”我大笑：“老李，你太会说了！”

大地的馈赠：
精神指引与学术成就

四季无寒暑，每天徒步 50 里田野作业。
睡草料堆，挤在一块挺暖和。
吃办丧事剩饭，住去世老人床上。
墓坑内盘火炉，晋侯大墓燃人间烟火。
作“蜘蛛人”，用麻绳捆在身上，在墓坑里吊进吊出。
七项学术成就。

50 多年来，李伯谦读写生命大地，他永远在路上，高山大河、荒野赤地皆在脚下。大地塑造了他的学术成就，也塑成了他一生温暖向善的品格。

“走四方，路迢迢，水长长……”不同的发掘时间，不同的地域，从北京到黑龙江，从中原沃土到南国广东，从江浙沿海到江西，考古队员列队开拔。他们没有强健的体魄，细看人人面有菜色（营养欠佳），但精神饱满。偶尔，队伍里的人会吼上两句。大风为其喝彩，大雨为之点赞。他们是大地之子，头顶广阔的天空，脚踩崎岖的小路。

见到这支队伍，东北人说：“哎呀妈呀，来了一群挖坟的。”

广东人说：“他们掘墓盗宝。”

江浙人说：“他们一来，先人休想安息。”

中原人耿直本性，年轻人说：“他只要敢动俺爷的坟，俺拿这把抓钩就上。”

这支队伍说：“我们是考古的。”

“什么是考古？”

“考古就是田野作业。”

“什么是田野作业？”

“田野作业就是发现发掘地下文物，实证我们的历史。”

“噢，明白了，你们满世界跑，到处挖。考古，考古，挖坟头，起古墓，考古郎啊！”

考古郎自嘲说：“有女不嫁考古郎，一年到头走四方，有朝一日回家转，带回一堆脏衣裳。”

考古郎李伯谦先是考古学生，后带学生考古。他任北京大学考古系老师时，爱上了一个女学生。女生大学毕业先在平顶山解放军农场锻炼，落实“五七指示”，接着到新郑农村争当“新农民”，三年之后被分到郑州市博物馆考古部，才成了真正的“考古女”。郑州大河村遗址出土的陶双连壶，就是经她手挖出来的。后来为了照顾两地关系，组织将她调回北京大学，到图书馆从事古籍整理，曾任图书馆古籍部主任。如今，“考古女”与“考古郎”成家已 40 余年，家在北京一隅，名曰“回龙观”。

李伯谦第一次田野考古是在北京周口店，他们一帮学生见到了郭沫若，现在李伯谦还珍藏着与郭沫若的合影。那年李伯谦 21 岁。后来，他先后在

▲ 1972 年秋，在北京房山黄土坡遗址实习。与袁进京同学一起同房东老太太及两个儿子合影

▲ 2001 年，考察河南巩义花地嘴遗址

▲ 2003 年 11 月 9 日摄于广东揭阳普宁广太镇虎头埔发掘工地〔从左至右是魏峻、李伯谦、张玉范（李伯谦夫人）、邱立诚、刘连国〕

河南偃师二里头、河南安阳殷墟、江西吴城以及湖北、山西、广东、黑龙江等地从事田野发掘。

2015 年 6 月 14 日，我随李伯谦老师到郑州东赵遗址参观，78 岁的他身着花格衬衣、牛仔裤，步履矫健。我赶不上他，他停下来笑着说："练出来的，年轻时搞调查，哪天不走个五六十里啊！"而这一练就是 50 年，现已超额完成任务。

田野路，也是考古人的艰辛路。李伯谦和学生、同事进行田野调查、考古发掘时，有许多难忘的"遭遇"。比如，老师和学生一块儿挤在牲口草料垛里睡觉；去生产队吃派饭，吃的却是办丧事待客的剩饭；寒冬时节，在几米深的墓坑里盘火炉烘地。

▲ 1997 年 8 月 21 日，参观陕西商州东龙山遗址出土文物

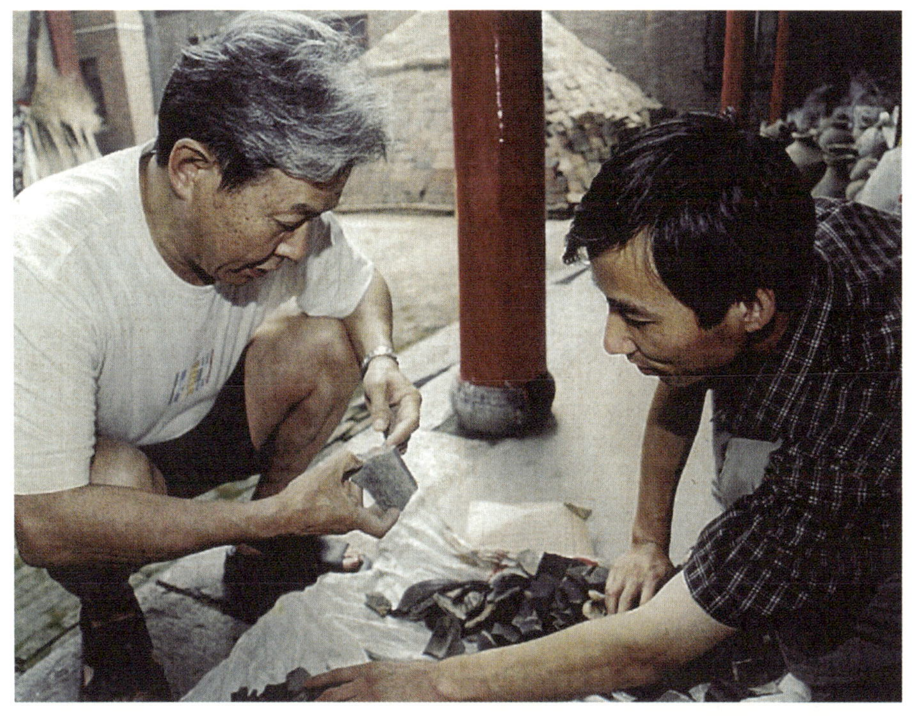

▲ 1999 年夏，与顾万发一起查看新砦遗址出土陶片

1963 年，李伯谦带学生到河南偃师二里头实习。河南的冬天特点是干冷，寒风像刀片。现场发掘无遮挡，手脚冻伤、脸冻裂是常事。发掘告一段落，李老师又带学生到周边搞调查。冬天黑得早，他们就近到景阳岗村，找村长安排个住处。村长打量着眼前的几个人，没好气地说：“太晚了，上谁家去？你们住到放牲口草料的库房里吧。”李伯谦带去 4 个学生，学生你看我我看你，又一齐看村长。有位同学说：“村长您再考虑考虑，把我们安排到老乡家”，那声音有点乞求。村长还没说话，李伯谦干脆地说：“不麻烦了，村长，带我们去库房吧。”于是，老师和学生们和衣钻进草料垛。冬天冷，几个人挤在草堆里倒十分暖和。野外调查的第一天晚上，师生们伴着干草的气味和牲口粪便的臭气进入梦乡。

1980 年春，北京大学考古教研室计划安排学生到山西曲沃曲村实习。李伯谦是领队，他带着山西省考古研究所的吕进财、王勇，来北大进修的南京大学教师宋建，到当地调查选址。忙活了一上午，中午他们去公社食堂找吃的。当地人一听说是考古的，不愿意接待。李老师找到公社一位副职，特别说明，粮票和钱都有。副社长说：“过饭点了。”大家看看表，刚 12

▲ 2009 年 11 月 19 日，与王幼平老师在河南新郑唐户驻地

点呐。副社长不耐烦地说：“你们去找老队长。”然后扭头走了。一行 4 人找到生产队队长，老队长说话很不中听：“你们又不是水利局的，人家会帮我们打井；也不是县里的领导，我们不得不接待。考古队的对我们有啥好处！”他还不忘埋怨上级，“推哩，公社有食堂，咋不能做顿饭嘛！”看大家无奈的样子，老队长说：“好办！到老丁家去吧！他家老太太去世没几天，刚办过丧事，家里剩下的吃食兴许还有，去吧，我叫人通知他。”就这样，几个人来到老丁家，吃了几个开花馒头，算是一顿午饭。

调查还需时日，中午找队长派饭时，李伯谦又提出晚上住宿的问题。老队长说：“就在老丁家，他家地方宽绰。”晚上，从野外跑回来的 4 个人，被安排在老丁家西房的大炕上。宽敞倒是挺宽敞，可他们睡不着——在刚刚去世的老太太睡的地方休息，心里直犯嘀咕。干脆不睡，4 个人打了一夜扑克，天一亮，又起身去田野调查了。

1979 年开始发掘曲村时，李伯谦还是北京大学考古系普通老师；1993 年在此发掘晋侯大墓，李老师已经是教授，并且担任领队。那年冬天他带

▲ 2013 年 4 月 11 日，在河南郑州东赵遗址

学生来实习时，天已降雪。摆在眼前的难题是墓坑太深，随葬品太多，实习时间即将结束。为了抢时间、赶任务，李老师和同学在几米深的墓坑里盘起一座火炉，运煤生火，一来烘地化开冻土，方便挖掘，二来取暖。这虽然是急中生智，但也是无奈之举。人间烟火从 3000 年前的晋侯大墓里升起，一天两天，十天半月，直到实习结束，那炉火伴随北大师生度过了又一个冬天。

还是 1980 年，北京大学考古专业师生在山西曲沃县考古发掘。墓太深，又无机械送人上下，李伯谦和学生们只好将麻绳捆在身上，在阴暗的大墓里吊进吊出，俨然现在清洗高楼大厦的“蜘蛛人”，只是后者有安保措施，考古人没有。有一次，李伯谦在吊出墓道时，腿一迈，扭伤了腰。腰受伤后，他又在墓坑内蹲了几个小时，因为腰伤重，只好弯曲 90 度下蹲。这一蹲就是一个多月。任务完成，李伯谦回到北京后才去就医。医生说，已经错过最佳治疗期，腰关节错位，从此落下了腰疼的病根儿。

挤草料堆，睡死人炕，盘火炉子烘冻土，充当“蜘蛛人”，这些故事是考古人独特的人生体验，故事中的主人公，泰然自若，淡然处世。

▲ 2015 年 6 月 14 日，与本书作者赵富海合影

2015 年 11 月 27 日下午，李伯谦对我追忆往事。他说：“想想田野考古，一次次地发掘，一次次地充满新鲜感，因为那是一次次地与千年乃至上万年的历史对话，与我们的先人进行灵魂沟通，还能修正历史文献中错误的记载，实证泱泱大国的悠久的文明史，对考古人来说，这是多么惬意的事情啊！”

研读李伯谦《文明探源与三代考古论集》《中国青铜文化结构体系研究》《感悟考古》，又征求了郝本性、郑杰祥等学者的意见，我将李伯谦的学术建树和对中国考古事业的贡献粗略梳理出七个方面。

1.“文化因素分析方法”。1974 年李伯谦在江西吴城考古发掘时，将文化内涵分为甲、乙两组，其中甲组有商文化因素，乙组是土著文化因素。1985 年，李伯谦首次系统地提出考古学文化因素分析方法，这是对考古学理论的一大贡献。

2. 中华文明演进的两种模式。李伯谦指出，文明演进的两种模式是神权与王权，演进的两种结果是没落与发展。这个学术观点已被学界所认可。

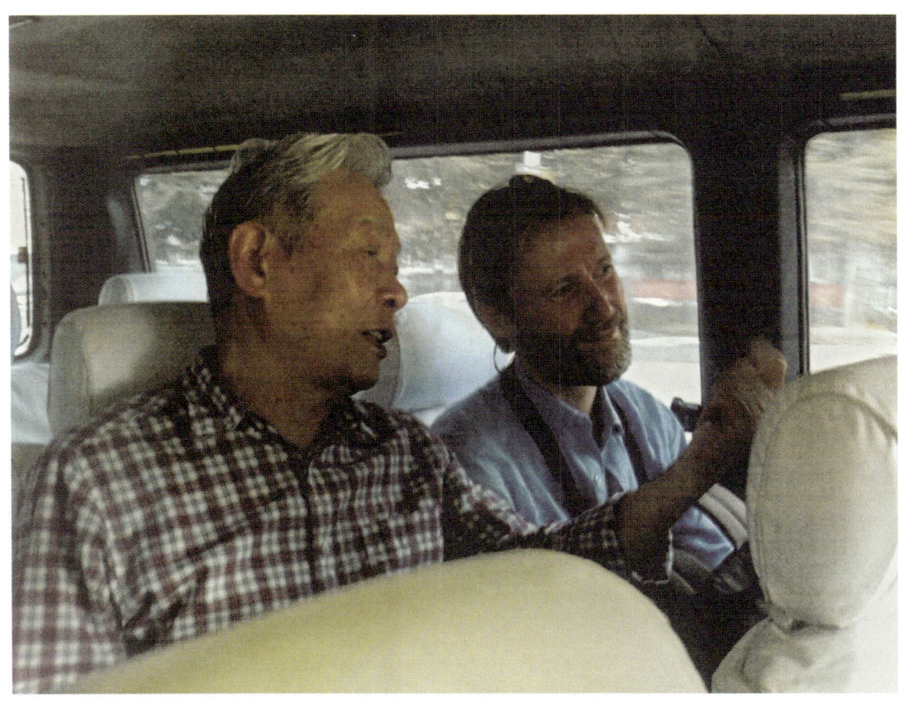

▲ 2015 年 6 月 14 日，与美国记者杰瑞去东赵遗址

▲ 2015 年 7 月 12 日，与郑州市文物考古研究院顾万发院长在河南郑州巩义双槐树遗址

3. “夏商周断代工程”。李伯谦与200余位科学家一起，把夏、商、周三代的确切年代予以厘清，年表最接近真实。这虽然是学术界搞的国家文化工程，但它拉近了与公众的距离。

4.《中国青铜文化结构体系研究》。这是一部有关青铜文化结构本系研究的辉煌巨著。这部学术著作，为我们构建了中华青铜文化体系，而非某一地域。

5. 晋文化研究。其学术价值不亚于“夏商周断代工程”。

6. 学科建设。李伯谦任北京大学考古系主任时，1988年考古系升格为院，他担任北京大学考古文博院第一任院长。1999年创办北京大学震旦古代文明研究中心，他是中心主任。这些年来，李伯谦教学生，带研究生、博士生，有中国的，也有外国的，可谓桃李满天下。

7. 李伯谦首次提出中国古代文明历程对当下的八点启示，《人民日报》《求是》《光明日报》相继刊发了他写的八点启示。著名考古学家、河南省文物考古研究所原所长郝本性，是李伯谦的北大同学。郝本性对我说：“在郑州有他三个同学，每次回郑，我们四人都要小聚，忆当年，说考古。他还有一颗感恩的心，对父母，对兄弟，他的稿费从来都是贴补家用。”这让我想起那天中午在一起吃饭，问及他的工资，才7000多元，大家吃惊，北京大学教授收入这么低，李伯谦却说：“够花了。”每次他回老家，总要买点好吃的带回家。平时他穿着十分简朴，问他，他说：“都是女儿给买的，穿着舒服就行！”每次到外地出差，他绝不讲究接待标准，不麻烦接待单位，大学者轻装简行，令人心生感慨。

“够花了”“穿着舒服就行”“不麻烦”，这就是李伯谦的生活观。这种生活观也是他的世界观，是信仰，他几十年如一日地坚守着。2016年2月4日，我采访著名考古学家郝本性，他说：“你为什么不写李伯谦的夫人？她是伯谦的学生、贤内助，北京的家全是她扛着，李伯谦一年到头到处田野调查、开学术会，他哪里顾过家！还有李伯谦的父母，支持儿子的工作。老母病重，伯谦探母行孝，老太太说：‘他是公家人，叫他走，回北京，忙公家的事儿。’老父亲病重，最后才给李伯谦发了电报，他匆匆赶回，人已咽气，这成了李伯谦永远的心痛。”李伯谦对中国考古事业的巨大贡献的背后，有着家人默默无私的奉献和支持。

文化因素分析方法：
一种学理，一个理论贡献

考古学文化因素分析方法：路径。

考古学上升到历史学：桥梁。

1974 年吴城遗址试刀，1988 年成考古学基本研究方法。

文化因素分析方法在考古研究中有着广泛的用途。

那是敞开自身的精神贯通。

地层学、类型学、文化因素分析方法，考古学的三大方法。

马克思说：“理性向来就存在，只不过它不是永远以理性的形式出现而已。”思想无处不在，体现在考古学，就是要寻找研究方法。“地层学”“类型学”两大方法被广泛使用后，1974 年，李伯谦提出文化因素分析方法，并且在江西吴城小试牛刀，1988 年成文，为业内通用。如今，文化因素分析方法已成为考古人的基本研究方法。

什么是文化因素分析方法？李伯谦从考古学文化说起。他认为，考古学文化是指在一定时间、一定地域内具有共同特征的一群遗迹、遗物的总和。一种考古学文化的形成和发展不是孤立进行的，它既有对其先行文化的变革与继承，又有对与其同时的周围其他文化的借鉴、吸收与融合。这就决定了该考古学文化内涵所呈现的面貌不会是单纯的，而往往是十分复杂的；它的来源不会是单一的，而往往是多头的。可见，一种考古学文化包含不同的文化因素是常见的现象，是客观存在的事实。因此，从考古学文化内涵的不同特点和不同来源（即不同文化因素的角度）出发对其进行分析，就有可能揭示其起源和形成的奥秘，发现其发展变化的规律。这就是文化因素分析方法得以成立的科学根据。

文化因素分析方法，并不是现在才提出来的，可以说从近代考古学传入中国开始，这个方法就已经在采用了。但是如果客观地对这一方法在考古研究中的运用做一历史的考察，我们便会发现，它如同地层学、类型学一样，也经过了一个由自发到自觉、由不够严密到比较严密的过程，不过这个过程更为迟缓、更为漫长。即使现在，将其与地层学、类型学比较，它似乎还没有得到广泛的重视和更为科学的运用。例如，分布于江西赣江流域的吴城遗址究竟属于商文化系统，还是一个受商文化影响的地方性文化？东下冯类型是二里头文化的一个类型，还是一个独立的文化？夏、商文化是否同源，它们之间有无区别？研究楚文化的发展及其渊源，能否从大溪文化一直排到东周？在诸如此类问题上，为什么会产生不同的看法？李伯谦觉得，除了材料的限制，也与在研究中是否运用文化因素分析方法、运用是否得当有关。

考古学文化因素分析方法是李伯谦的文化建树。李伯谦对考古学文化因素分析方法进行了解析，或者叫定位。他说：“我理解的考古学文化因素分析，是对构成考古学文化诸内涵的来源的分析。”

李伯谦提出“内涵来源说”。考古学文化的内涵或构成因素是十分复

▲ 与山东大学考古专业创始人刘敦愿教授在一起

▲ 2002 年 8 月 6 日，和刘绪、孙庆伟、向桃初一起参观江西清江吴城遗址

▲ 2002 年 12 月 20 日，参观郑州市文物考古研究所王文华主持发掘的大师姑遗址

杂的，其中有继承自己的先行文化发展而来的，有在发展过程中因应某种需要而新产生的，也有接收周邻其他文化的影响、与之融合而形成的。

李伯谦的实践活动，给了他所提出的论点一个有力的支撑。1974 年，他带 1972 级学生到吴城遗址发掘，在对出土遗存定性时遇到了最大的难题。经过分析并征求邹衡老师意见，1978 年，李伯谦以“试论吴城文化”为题，正式提交给在江西庐山召开的“中国南方几何形印纹陶学术讨论会”。他对原分的丙组因素重新做了分析，一部分归甲组，另一部分归乙组，只保留了甲、乙两组。这大概是较早将一个考古学文化分为两组不同因素的一篇文章。不过，当时他也没有意识到，这就是着眼于不同来源分析的考古学文化因素分析方法。于是在写文章时，李伯谦将以吴城遗址为代表的这类遗存命名为“吴城文化”。会上讨论时，大家对在远离郑州和安阳、如此靠南的吴城遗址出土类似商文化的这类因素很感兴趣，认为叫其“吴城文化”是可以成立的。

在此基础上，李伯谦又运用这一方法研究了二里头文化东下冯类型、河南龙山文化造律台类型、夏家店下层文化、城固铜器群等。他逐渐悟到，文化因素分析是继地层学、类型学之后，考古发掘、整理、研究必经的一个环节，文化因素分析方法也是考古学研究的一个重要方法。

李伯谦运用马克思主义方法论，提出了“文化因素分析方法”。1974 年，他在吴城遗址首次运用；1985 年，他开始给研究生上这门课。后来他在晋文化研究座谈会上发言：“如何通过考古学研究推导出历史学的结论？我觉得一个重要方面，是要在不断完善地层学和类型学方法的同时，自觉地将文化因素分析方法运用于考古学文化内涵的研究中。”

从考古学上升到历史学研究，文化因素分析方法是桥梁。这就是李伯谦从考古理念上提出和解决的一个重大问题：通过考古学研究上升到历史学研究。

2015 年 6 月 14 日，我在嵩山饭店天中楼采访李伯谦。关于考古学文化因素分析方法，李老师讲了以下三个方面。

第一，考古学文化因素分析方法是在考古发掘实践中发现的。1972 年李伯谦到北京房山，1974 年到江西，1976 年到湖北武汉，1978 年到内蒙古，几乎年年都有发掘。田野考古他是沾了光的，得到了好处。

第二，李伯谦写出论文《试论吴城文化》。多年来他向考古界老师学了一些常识，比如，遗址的命名依托是地名，如李家沟遗址、老奶奶庙遗

▲ 2003 年，在科学出版社举行的“新世纪中国考古学传播学术研讨会”上发言

址和新近的东赵遗址，均以地名冠名。但要将某地遗址说成文化，这样的定位，恐怕是一般人不好斗胆提出的，而且，定位文化要看其文化内涵。

1974 年，李伯谦带学生到江西赣江流域吴城遗址发掘。这一次收获很大，他写出了他的第一篇学术论文《试论吴城文化》。“吴城文化”由李伯谦提出。在发掘实践中，出土有商式青铜器，如盘、斝、刀、镞等；也有商式陶器，如鬲、豆、盆、罐等，但不占主要地位。它是吴城文化在商文化影响下的青铜文化。

第三，在《试论吴城文化》之后，李伯谦写出了《考古学的文化因素分析方法》。他认为，这是从考古学研究上升到历史学研究的桥梁。目前，考古学界都在用这个方法。这是李伯谦对考古学理论的贡献。

此外，李伯谦划分江南地区印纹陶为 8 个不同区域类型，也是靠考古学文化因素分析方法得出的。他提出并在考古实践中运用的考古学文化因素分析，大多是在 20 世纪 80 年代末至 90 年代末。这个时期，李伯谦年富力强。

讲完吴城文化和考古学文化因素分析方法，李伯谦稍事停顿，说出一句话：“如果没有文化因素分析方法，我不知道该干什么，怎样干！”其实，他在 1998 年出版的《中国青铜文化结构体系研究》前言中就说过：“有时甚至觉得一旦离开文化因素分析，我可能一篇文章都写不出来。”

以下摘抄李伯谦论文《试论吴城文化》(发表在《文物集刊》第 3 辑，1981 年；又见《中国青铜文化结构体系研究》，科学出版社 1998 年版)，录文如下：

《简报》根据地层叠压关系和出土遗物的不同特点，将吴城遗址分为三期，并从鬲、豆、盆、罐等 7 种主要器物的形制以及陶质、纹饰诸方面论述了各期的变化。

一期：仅有文化层，未见其他遗迹。石器有石斧、石锛、石铲等，正式发掘的只有青铜刀一把，直刃，尖上翘（《文物》1975 年第 7 期）。

▲ 2005年10月14日，在江西南昌《吴城》首发式上讲话

二期：文化遗迹有房基、陶窑各1座，灰坑和窖穴16个，墓葬10座。在10座墓中，9座为陶器墓，仅M3为铜器墓，随葬铜器有斝2、锛1、凿1、铜片1件，陶器有罐3以及鬲、盆、钵各1件，另有砺石1块。

三期：文化遗存有灰坑和窖穴10个、墓葬3座，特征与二期基本相同而略晚。

结语：

吴城文化是分布于赣江、鄱阳湖流域的一种青铜文化。

根据吴城遗址的发掘，吴城文化可暂分为三期：一期相当于商代二里岗期上层，二期相当于殷墟早期，三期相当于殷墟晚期，大约经历了四五百年的发展历程。

吴城文化的年代和性质的确定，生动地说明了早在3000多年以前，在中原地区先进文化的影响下，我国江南地区也先后以较快的步伐进入了文明时代，并不断与中原文化相融合，为以后一个以中原地区华夏族为主体的包括更多部族、更大地域的经济文化共同体的形成，为秦的进一步统一打下了坚实的基础。

目前，中国考古学主要有三大方法：地层学、类型学、文化因素分析方法。《论文化因素分析方法》这篇既以马克思主义方法论为指导，又以实践出真知的论文，是李伯谦对中国考古学理论的贡献。

李伯谦的《论文化因素分析方法》首发在1988年11月4日《中国文物报》上，10年之后的1998年，收录在《中国青铜文化结构体系研究》一书中。

文化因素分析方法是考古学的基本方法之一，它的产生有深刻的历史背景。20世纪20年代，近代考古学传入中国。近40年来，中国的考古事业有了长足的进步。从考古方法论的角度来看，随着大规模田野考古调查和发掘工作的开展，考古地层学和类型学越来越为广大考古工作者所掌握，并在不断总结实践经验的基础上有新的发展和提高，从而建立起比较符合实际的考古年代分期标尺和器物发展演化谱系。但是李伯谦认为，适用于对考古遗存更深层次研究的文化因素分析方法，尚未得到普遍推广和运用，这在一定程度上影响中国考古学发展的速度。考古遗存直接反映古代人类的生产、生活，是当时社会关系的缩影。考古学作为历史科学的有机组成部分，绝不能将自己的研究范围局限于年代分期和器物排队，而应通过对考古遗存文化内涵的全面剖析，揭示它所反映的社会状况和社会发展规律。

李伯谦认为，文化因素分析方法和地层学、类型学方法一样，都是在考古实践中逐步形成的，这个方法至 20 世纪 70 年代末 80 年代初趋于成熟。

李伯谦对文化因素分析方法的定义，从广义上就是一句话：文化因素分析是指对考古学文化构成因素的分析。李伯谦谈道，考古学文化作为对考古遗存的最基本概括，作为特定的文化共同体，是由在同一时间、同一地域内具有共同特征的一群遗迹、遗物构成的，它的形成和发展，既有对其先行文化的变革与继承，又有对同时期周围其他文化的借鉴、吸收和融合，同时还会受到自然地理环境的影响和制约。这就决定了某一特定的考古学文化尽管整体面貌基本相同，但其局部特征又会有这样那样的差别。就其形成渊源而言，更不会单一化，而往往极其复杂。可见，一个考古学文化只具有一种文化因素的情况，几乎是没有的；而一个考古学文化包含多种不同的文化因素，则是常见的现象，是一个组合的整体。这正是文化因素分析方法得以成立的科学依据。

李伯谦指出，作为一种科学方法论，文化因素分析方法在考古研究中有着广泛的用途，如对某一考古学文化的性质的确定、发展阶段的划分、源流的考证，以及与其他考古学文化关系的探讨等。一种考古学文化，它在整个中国考古学文化区系类型体系中的地位，以及它所反映的社会结构，都要借助对其文化因素的科学分析。可以这样认为：没有认真地、实事求是地进行文化因素分析，就很难对上述问题作出正确的回答。

考古学文化的构成因素既然错综复杂，我们首先就要着眼于考古学文化内部结构的剖析。回顾对仰韶文化、龙山文化的研究可以看出，现在人们的认识比以往已经有了很大的进展。过去有较长一段时间，将凡是包含彩陶的遗存统统归入仰韶文化，将凡是包含黑陶的遗存统统归入龙山文化。仰韶文化和龙山文化的范围越搞越大，几乎包括了黄河流域和长江流域的大部分地区。但随着研究的深入，尤其是运用了文化因素分析方法，目前，部分包含彩陶的遗存和部分包含黑陶的遗存已分别从仰韶文化和龙山文化中被分化出来，单独命名为若干独立的考古学文化。即使在今天，被称为仰韶文化和典型龙山文化的内部，也因局部特点的差别而被分为几个不同的类型，显然，这是由于有了文化因素分析，才得到了新的认识。

在《论文化因素分析方法》这篇论文中，李伯谦阐述了重要的学术观点。

第一，用实例论证文化因素分析的重要性。

第二，他指出，考古学文化所含诸文化因素既有质的不同，又存在着量的差别，考古学文化的性质正是由其中占主导地位的因素决定的。李伯谦认为，进行文化因素分析，既要对其所含不同文化因素定位，即确定这些不同文化因素原来所属的文化系统；又要引入量的概念，做量的统计和对比，即定量分析，从而分清各不同文化因素的轻重主次，正确判定该考古学文化的性质。例如分布于江西赣江、鄱阳湖流域的吴城文化遗存，有的学者根据其中含有类似商文化的鬲、甗、假腹豆、大口尊等，认为应属商文化系统。然而，定量分析表明，类似商文化的因素仅居次要地位，且越来越少；而以几何形印纹陶、原始瓷为主要特征的具有鲜明地方特色的因素占主要地位，且越来越多。可见，吴城文化应该是一支早期土著青铜文化，只不过受到了某些商文化影响。

第三，考古学文化不是僵死的、静止的，而是不断发展变化的。在它形成、发展、消亡的历史过程中，其所含文化因素，有的变化快，有的变化慢；有的发展壮大了，有的由兴盛而衰亡了。同时由于各种原因，也会不时产生一些新的文化因素。进行文化因素分析，必须从发展的角度出发，在分期的基础上进行。这样才有助于考察各不同文化因素的构成变化和消长情况，才可以划分出能反映某种社会变化的不同的发展阶段，弄清该考古学文化的整个发展演化过程。

第四，考古学文化的形成和消亡不是偶然的，而是在一定基础上发生的，它既有自己的文化来源，又有自己的发展去向。进行文化因素分析，只有通过对该考古学文化诸因素和与它在时间上早晚相衔接的其他有关考古学文化诸因素的比较研究，才可能确切地探明其源流。当前，在探讨诸如夏文化、商文化、周文化、楚文化等的来源时，普遍存在一种倾向，往往将考古年代上的衔接关系误认作文化传统上的传承关系，把本来十分复杂的问题简单化了。事实上，一个考古学文化并不一定是由当地早于它的考古学文化直接演变而来的。在它的形成过程中，可能主要继承当地早于它的考古学文化因素，也可能接受当地和邻近地区早于它的多种考古学文化因素，甚至不排除由其他地区迁移而来。例如关于楚文化渊源问题，比较流行的观点是将其源头直接追溯到大溪文化，好像从大溪文化、屈家岭文化、石家河文化直至东周楚文化是一脉相承地发展下来的。但江陵荆南寺、沙市周梁玉桥等夏商时期遗存的发现，证明它们同当地早于它的石家河文化缺乏直接联系，同当地晚于它的迄今所知最早的西周中期楚文化也大异其趣。可见，楚文化的形成十分复杂，如果能在排出年代序列的基础上，加强其间文化因素的分析比较，也许能得出一个较为符合实际的结论。

第五，考古学文化的发展不是孤立的、封闭的，而是在同周围同时期其他考古学文化的错综复杂的交往中实现的。进行文化因素分析，必须在分析该考古学文化和其他有关考古学文化各自文化内涵的基础上，进行横向、纵向甚至交叉比较，才能够弄清楚它们之间在相互交往中的影响、传播、融合乃至同化的具体过程，揭示文化间的真实关系。在夏文化问题讨论中，以偃师二里头遗址为代表的二里头文化和豫北、冀南以新乡潞王坟下层、磁县下七垣第 3 层为代表的遗存的关系，是个有争议的问题。分析两者的文化内涵可以看出，二里头文化器物群中，以长腹罐和鼎为主要炊器，后者则以鬲和甗为主要炊器。但二里头文化中流行的大口尊、长腹罐、鼎等，在后者遗址中也有一定数量，作为后者典型器物的鬲、甗、素面盆等，在二里头文化中也有少量发现。两者虽然文化性质不同，不属于同一个考古学文化，但在相互交往中，都从对方那里汲取了一部分文化因素，只不过二里头文化对后者的影响较为强烈，后者对二里头文化的影响则微乎其微。这种情况与二里头文化是夏文化、后者是夏时期受夏王朝节制的商族创造的先商文化的推测基本契合。

第六，作为考古学研究对象的古代遗存，是分为不同层次的，从不同的研究范围出发，文化因素分析也应该在不同层次上进行。当研究对象是一个考古学文化时，该考古学文化内的一个遗址甚至是由某些遗址构成的一个类型，就是一个文化因素单位；当研究范围从一个考古学文化扩大到一个特定地区内诸考古学文化时，一个考古学文化也可以被看作一个文化因素单位。经过这样多层次的分析，才有可能揭示错综复杂的古代遗存的结构体系。苏秉琦提出的中国新石器时代至早期青铜时代考古学文化区系类型体系，正是建立在对广大地域内的考古遗存进行文化因素的逐级科学分析基础上的。

第七，文化因素分析方法作为考古学基本方法之一，它与地层学、类型学是互为补充的，而不是相互排斥的。正像类型学研究必须以地层学研究为前提一样，文化因素分析也必须以类型学研究为前提。只有这样，文化因素分析才具有科学的依据。

如前所述，随着大规模田野考古工作的开展，考古地层学和类型学方法已

▲ 2015 年 10 月 16 日，在河南郑州老奶奶庙旧石器遗址

得到普及。如能进一步有计划地采用和推广文化因素分析方法，对考古遗存进行地层学、类型学和文化因素分析的逐级研究，将有助于考古学研究更向前发展。

在长期的考古实践中，李伯谦深刻意识到理论方法的重要性。他认为，加强国际交流，大兴理论探讨之风，不断引进、借鉴国外考古学理论方法，在我们自己丰富的考古实践基础上总结提高，提出符合中国考古学发展需要的理论方法，指导我们的考古实践，是促进中国考古学跃升国际一流、持续健康发展的重要保证。为此，李伯谦多年来一直坚持给北京大学考古专业的研究生开设考古学理论与方法课。但李伯谦和他的学生们不做纯粹的理论探讨，而是从解决具体考古问题出发，由此引导出一系列理论和方法的创新。

田野考古是考古学研究的基础。50 多年来，李伯谦始终坚持在田野考古的第一线，丰富的田野实践让他对考古学的基本方法——地层学有了深刻体会，并且意识到传统地层学的局限性，于是他大力提倡引入埋藏学的方法，来研究古代遗迹现象中所包含的人类活动。埋藏学方法的运用，使考古学资料获取的途径与方式取得突破性进展。

考古学文化是考古学研究中的基本概念，但考古学文化的组成十分复杂，正确认识每个考古学文化的属性，是开展考古学研究的核心环节。在大量实践的基础上，特别是在对吴城文化的具体研究中，李伯谦领悟到分辨一个考古学文化中所包含的不同文化因素的重要性，意识到它是继地层学和类型学之后，考古发掘、整理和研究必经的一个环节。随后，他又成功地将这一方法运用到对二里头文化和晋陕高原青铜文化的研究中。《论文化因素分析方法》是由考古学研究过渡到历史学研究的桥梁。现在，文化因素分析方法已经成为中国考古学的基本方法。

青铜的释义：
构建中国青铜文化结构体系

中国。
青铜时代：生活、王权、国。
二里头遗址出土青铜礼器。
何尊、班簋、毛公鼎。
江南商代有青铜。
晋家族青铜 200 年。
青铜文化结构体系。
青铜魅与媚。

"中国"一词最早见于 1965 年陕西宝鸡县出土的青铜器何尊的铭文中，其中有"唯王初迁宅于成周"，"唯武王既克大邑商，则廷告于天，曰：'余其宅兹中国，自之乂民'"的文字。何尊为西周初年第一件有纪年铭的青铜器，系名"何"者作于周成王五年。可以看出，这里的"中国"，意思是中心地区，即成周，也即洛阳一带。以洛阳为中心的河洛地区，不但最早跨入文明时代，而且在以后的数千年里，长期是我国的政治、经济、文化、交通中心。

何尊是西周早期一个名叫何的贵族所做的祭器，高 38.8 厘米，口径 28.8 厘米，重 14.6 公斤。它的价值不仅是历史久远，还在其内底有铭文，铭文 12 行，122 字。大意书写了铸尊的缘由。公元前 1038 年，周成王对武王进行祭祀，并于宗室训告中讲到何的先父追随周文王，文王受天之大命统治天下，武王灭商后告祭天下，并重赏何氏。其中有一句"余其宅兹中国"，这里的"中国"，是"中国"一词最早的文字记载。

李伯谦认为，"中国"一词与嵩山地区是"天地之中"有关。我们常说嵩山是“天地之中”，这是很早以前就形成的观念，至少在商代晚期甚或可以追溯到夏代，这个观念就已经形成了。因为武王伐纣以后，他想把都城往东迁，选的就是嵩山周围，所以称之为“天下之中”。虽然迄今在青铜器铭文上第一次出现“中国”，是西周的何尊，但是这个观念绝对不是那个时候刚产生的，应该在夏代就已经有了。夏代为什么会产生这种观念？因为夏代的都城在登封王城岗，然后有偃师二里头，现在还知道有新密的新砦。所以，“中国”这个概念的形成、“天地之中”概念的形成，至少可以追溯到夏代。

1935 年，郭沫若将《西清古鉴》卷十三第 12 页所著录的西周时期的毛伯彝（即班簋），收录在《两周金文辞大系》里。37 年后，郭沫若撰写的《班簋的再生》，刊登在《文物》1972 年第 9 期。1972 年 6 月，北京市物资回收公司有色金属供应站在废铜中捡选到了这个古器的残余，残毁得相当厉害。经北京市文物管理处组织人员鉴定，确定为班簋。班簋是西周穆王时的毛班所做，其内底有铭文 198 字，具有重要的史料价值。该器物现收藏于首都博物馆。

毛公鼎内有铭文 499 个字，是西周青铜器中铭文字数最多的。现藏台北故宫博物院，它不仅是镇馆之宝，而且其展示位置永不移动。毛公鼎的铭文结尾是惯用语“子子孙孙永宝用”。

李伯谦说，中华传统文化的核心价值观是血脉传承，在西周的青铜器上，都刻有保佑子孙的铭文。班簋铭文的结尾是“子子孙多世其永宝”，毛公鼎的“子子孙孙永宝用”，都证实了李伯谦的观点：中国人崇祖，重血脉传承，这也是中华传统文化的核心价值观。

关于二里头青铜器，从考古发掘资料看，主要有三个特点。第一，这里是最早出现铜的地方；第二，发现了铜片、铜渣；第三，二里头文化分为四期。在遗址手工作坊中，发现了铜器、玉器、石器、骨器等手工艺制品。尤其是青铜爵、青铜斝，形制古朴、庄重。令人惊异的是，青铜礼器竟是用合范法铸造，足见其高超的铸造技术。这些青铜礼器是目前中国发现的时代最早的。

人类经历了石器时代、青铜时代、铁器时代。旧石器时代为 300 万年前至 1 万年前，以打制石器为标志，种类以砍砸器、刮削器、尖状器、球

▲ 1987 年，与任式楠、雷兴山一起参观由山东大学任相宏教授主持发掘的邿国墓地出土青铜器

状器为主。从 1 万多年前起中国进入新石器时代，除了磨制石器，还出现了大量用于生活和生产的陶器。大约从 4000 年前开始，世界各地先后进入青铜时代，青铜器在人们的生产、生活中占据重要地位。

在中国，青铜时代的青铜器是“生活小事”与“国家大事”并用。生活方面，三足圆鼎可烧汤、煮肉，小型的可当碗用。爵、觚是常用的酒杯。鼎代表权力，是国之重器、王者之尊的象征。1972 年，在郑州市回族食品厂基建时，一坑挖出青铜器 13 件。1974 年，郑州杜岭张砦街出土商代青铜鼎 2 件，其中一件高 1 米，重 86.4 公斤。

1939 年在安阳出土的司母戊（一名后母戊）鼎，是商王祖庚（或祖甲）为纪念母亲而铸的。鼎口长 112 厘米、口宽 79.2 厘米，连耳高 133 厘米，重达 832.84 公斤。它是迄今世界上出土的最大、最重的青铜礼器，反映了中国青铜铸造的超高工艺水平。

时代还要早一些的是在二里头遗址（夏代中晚期都城）出土的青铜礼器，时代为公元前 3800—前 3600 年前。追寻青铜近 4000 年的文化内涵，它是生活文化、应用文化与庙堂文化、礼仪文化、权力象征物的混合体，这真是我们祖先的大创意、大智慧。

根据考古发现，第一块铜片是1973年在陕西临潼姜寨仰韶文化早期遗址第29号房子居住面上发现的。经化验，含铜65%、锌25%，还有少量的锡、铅、硫、铁等，是一种黄铜。29号房子木椽的碳十四年代为4020±110BC，校正为4675±135BC。李伯谦由此得出结论，中国在公元前第五千年纪前期发明冶铜术是有可能的。

迄今所见时代最早的一把青铜刀，是在甘肃东乡马家窑文化遗址出土的。根据激光光谱分析，为锡青铜。李伯谦认为，马家窑文化的年代相当于仰韶文化晚期，可见早在公元前第四千年纪初，我国西部的居民已开始铸造青铜器了。他说，我们还不能以此为当时已进入青铜时代的根据。严文明论定仰韶文化或仰韶文化晚期是中国的早期铜石并用时代，是符合实际情况的。

李伯谦认为，约公元前21世纪，中国开始进入青铜时代。爵和斝为中国最早的青铜容器。二里头文化的铜器几乎都是青铜制品，这表明，二里头文化是当时发展水平最高的一支青铜文化。

经过夏代二里头时期的初始阶段、早商时期的发展阶段、晚商至西周前段

▲ 1987年8—9月，参加在德国美因兹市举办的“第十一届国际史前与原史时代考古大会”，并以“中国青铜文化的结构体系”为题作发言

的鼎盛阶段，到战国初最终被早期铁器时代所代替，经过了一千五六百年。

在中国青铜文化的起源、发展以及不同谱系文化之间的影响、碰撞和融合等课题上，李伯谦对中国青铜文化形成鸟瞰式的梳理和升华。

探寻青铜文化，李伯谦是从河南偃师二里头夏文化开始的，自 1963 年至 1990 年，时间长达近 30 年。1963 年，李伯谦曾经带领学生在二里头遗址发掘整整一个学期，对二里头文化并不陌生。当时学术界对于二里头文化与夏文化的关系有不同认识。他的老师邹衡教授力主二里头文化一期至四期都是夏文化。1981 年，李伯谦发表《东下冯类型的初步分析》一文，对分布在晋南地区的东下冯类型进行详细分析，认为东下冯类型在年代上晚于二里头类型。东下冯类型的主要文化因素来源于二里头类型，同时继承了以陶寺上层为代表的晋南龙山文化的某些因素。随着夏族势力的扩展，夏文化跨越黄河，北向发展到山西南部。

1986 年，李伯谦又对二里头文化的核心遗存——二里头类型进行了系统研究，完成《二里头类型的文化性质与族属问题》这篇重要论文，他从二里头类型中显著存在的山东龙山文化因素出发，结合文献记载，得出了二里头类型“既不是夏代晚期的文化，也不是整个夏代的文化，而很有可能是‘太康失国’‘后羿代夏’以后的夏文化”这一创造性观点，并且提出，它是由王湾三期文化发展而来的。时至今日，上述观点和推论在夏文化探索研究中依然具有广泛的指导意义，并且得到了越来越多考古材料的支持。

20 世纪 80 年代后期，李伯谦先后发表《先商文化的探索》《论造律台类型》和《夏文化与先商文化关系探讨》等文章，提出分布在豫北、冀南地区的下七垣文化是先商文化；分布在豫东和鲁西南地区的河南龙山文化造律台类型不是先商文化，而可能是有虞氏文化；夏、商文化各有来源与去向。上述文章极大地推进了先商文化的研究，堪称经典之作。

这一时期，李伯谦最重要的学术贡献是构建中国青铜文化结构体系。连续多年大范围、大时空的考古发掘，让李伯谦意识到中原地区以外青铜文化的重要性。因此，从 20 世纪 80 年代起，李伯谦在密切关注中原地区夏商周考古学文化的同时，开始系统研究周边地区青铜时代遗存，着力探讨中国青铜文化的起源、发展以及不同谱系文化之间的关系，以期对中国青铜文化形成一个鸟瞰式的认识。

李伯谦对中国境内不同地区的重要青铜文化逐一进行研究。其中关于北方地区青铜文化的著作中，《论夏家店下层文化》和《张家园上层类型若干问题研究》两文，系统论述了华北北部和东北地区青铜文化的年代谱系；《从灵石旌介商墓的发现看晋陕高原青铜文化的归属》，论述黄河两岸晋陕高原地带青铜文化的属性；《内蒙古考古的新课题》一文，对内蒙古中南部青铜时代提出了指导性意见；《北京房山董家林古城址的年代及相关问题》，则分析了周文化北上并与燕山地区土著青铜文化融合的问题。关于中国南方地区青铜文化的重要论著中，《试论吴城文化》为赣江流域的青铜文化确立了年代标尺；《我国南方几何形印纹陶遗存的分区、分期及其有关问题》，是学术界第一次对中国南方地区青铜文化进行分区和分期研究；《湖熟文化研究中的若干问题》，对长江下游宁镇地区湖熟文化的年代和属性给出了指导性意见；《吴文化及其渊源初探》和《马桥文化的源流》两文，则分别对江浙地区吴、越文化的源流进行了详尽分析；《城固铜器群与早期蜀文化》和《对三星堆文化若干问题的认识》，着重研究了成都平原青铜文化的形成及其与中原青铜文化的交流。

在上述分区研究的基础上，1990 年，李伯谦发表了《中国青铜文化的发展阶段与分区系统》。文章把中国古代青铜文化发展历程划分为四大阶段，即初始阶段（相当于历史上的夏代）、发展阶段（相当于历史上的商前期）、鼎盛阶段（相当于商后期与西周前期）、衰落阶段（相当于西周后期至春秋末年）。文章同时对上述各阶段中国境内不同区域内青铜文化的年代和特征进行了描述，在学术界第一次完整地阐述了中国青铜文化的结构体系。

1998 年，李伯谦的《中国青铜文化结构体系研究》出版，标志这一研究体系的最终确立。

李伯谦对“中国青铜文化的结构体系”课题情有独钟，他将自己围绕课题所写的 31 篇文章汇集成册，1998 年，以《中国青铜文化结构体系研究》为名在科学出版社出版。这是一部论文集，作者出书的目的是“着力探讨中国青铜文化的起源、发展以及不同谱系文化之间的影响、碰撞、融合等问题，使读者对中国青铜文化有一个鸟瞰式的全面、系统的认识”。

李伯谦在前言中表达了一个思想观点，这可视为他将此书命名为“中国青铜文化结构体系研究”的初衷。他说：“我认为，中国幅员辽阔，古代文化错综复杂，过去由于历史的原因，大家将中国青铜文化的研究重心放在中原地区的夏、商、周文化固然无可厚非，但随着中原以外各地大量青

▲ 1987 年，和安志敏、俞伟超、严文明一起访问德国，参观铜矿遗址（右一为李伯谦）

铜文化遗存的不断涌现，对之仍然不加重视，很可能就要犯以点代面、以偏概全的错误了。”

史学和考古界有一种观点认为，青铜文化的源头在中原，其他地区的青铜文化是中原辐射而生的。李伯谦则认为，青铜文化是多源的，这是他多方考察、研究的结果。

李伯谦在《商周青铜器的区域特征及其形成原因初探》一文中论述：

青铜器是夏、商、周三代先民留给我们的一份珍贵艺术遗产，它有着悠久的发展历史，包含着丰富的文化内涵，呈现出斑斓多姿的艺术特色。从历史的角度分析其特点，探求其意蕴，对于我们研究艺术的起源，揭示艺术之真谛都是十分有益的。

早在公元前 4000 年以前，在陕西临潼姜寨仰韶文化早期遗址发现黄铜片，这表明当时人们已经初步懂得了冶金术。继仰韶时代之后的龙山时代（前 2600—前 2000），河南、山东、山西、辽宁、湖北等省多处遗址出土黄铜、红铜和青铜制品，表明此时已开始由红铜时代向青铜时代过渡。二里头文化青铜武器、工具、礼器的发现则证明，至少从夏代（前 2070—前 1600）已开始进入青铜时代。

多元合金的青铜器的铸造技术，是夏、商、周时期先进生产力的代表。

▲ 1990 年 5 月，参加在美国加利福尼亚州举行的“夏文化研讨会”时，与安金槐、邹衡、王仲孚合影

青铜制品是当时最高水平的艺术创造，集中体现了当时人们的思想感情和审美意识。

李伯谦认为，宏观考察，共性越来越强。中国古代的青铜文化并非自始至终属于一个单一的文化系统。王朝更迭、族际战争等原因，不断引发考古学文化的变迁、调整和重组。因此，长达 1600 年的青铜文化发展历程可以分为几个不同的阶段，每个阶段根据各自特点的，又可分为几个不同的文化区。他在《中国青铜文化的发展阶段与分区系统》一文中，对此已有比较详细的论述。如果从宏观角度考察，中原、北方、南方三大区块的划分持续时间最长，特点也最为鲜明。但总的发展趋势仍是不断走向融合，共性越来越强。

中原地区在商代是商王朝的政治中心。在河南郑州发现的郑州商城，学术界多认为是商汤始建的亳都。安阳小屯遗址出土大量甲骨文和大型宫殿基址、商王陵墓、手工业作坊址，证实小屯是商后期的都城殷墟。郑州和安阳出土的青铜器，造型庄重浑厚，器物组合以觚、爵、斝、尊、卣、罍等酒器和方鼎、圆鼎、簋等饮食器为核心，最流行的花纹是被宋代金石

▲ 1993 年 7 月访日期间，应邀在早稻田大学作“夏商文化的分布格局”学术报告，稻田耕一郎先生翻译

学家称之为饕餮纹的兽面纹、夔龙纹和鸟纹。这些青铜器主要是用于祭祀的礼器，器上常见“祖甲”“父乙”“母己”“兄丁”等类铭文，表明其是专为祭祀先祖和已逝的父、母、兄长而铸造的。

北方铜器并不属于中原铜器体系。北方地区与中原地区的商、周文化有联系，但并不属于商、周文化体系。其青铜器中以兵器最为发达，容器不占重要地位，且其主要是受到中原地区商、周文化影响才出现的。兵器以銎内戈、銎内钺、多銎刀、兽首刀、铃首剑等最具特色。这些青铜兵器东至辽河，西至甘、青甚至新疆均有发现，而在中原地区较少看到，甚或不见。容器中的有些器物如鼎、簋等，虽仿自中原地区流行的礼器，但有的可能已失去了原有意义礼器的功能，其造型也已与中原地区同类器大异其趣。时代属于商时期的铜器中，山西石楼桃花庄出土的直线纹高圈足簋和带铃觚、忻县羊圈坡出土的云纹鼎、保德林遮峪出土的带铃豆、陕西清涧解家沟出土的细颈壶等，其祖型与商时期中原地区的同类器有关，但其无论是造型还是纹饰特征，均与后者有了较大区别，功能是否与原来一致也很可怀疑了。而像石楼桃花庄三高足盘、龙纹觥等器物，在中原地区不曾见到。

至于周代尤其是东周时期，该地区流行的双立耳青铜釜和动物纹牌饰，就更是该地区独有的铜器了。

南方铜器有自己的鲜明特点。在成都平原，广汉三星堆古城出土大批造型奇特的青铜器，震惊了国际学术界。除了尊、罍等少数器物与中原商朝同类铜器有相似之处，其他诸如大型立人像、各种装束和发型的人头像，以及大大小小的面具、眼睛、鸟头、车轮形器、神树等，都是过去从未见过的。其中如菱形眼睛、车轮形器等，究竟有着怎样的寓意，一时确难搞清，但它们都与当地蜀人的崇拜有关，应该是不争的事实。长江中游出土的青铜器也颇有特色。例如湖南出土的四羊方尊、虎食人卣、人面方鼎、象尊、豕尊、牛首觥、大型铜饶等，江西新干出土的双面人首形神器、伏鸟双尾虎、虎耳鼎、大型铜镈等，也是不见或少见于中原地区。即使与长江上游广汉三星堆出土青铜器相比，其区别也显而易见。

李伯谦的《关于岭南地区何时开始铸造青铜器的再讨论》一文，是他与李龙章先生《岭南地区出土青铜器研究》一书观点的辩论。李伯谦说，在岭南地区何时开始铸造青铜器的问题上，《岭南地区出土青铜器研究》（以下简称《研究》）的质疑集中在第三章第一节，这一节的标题就是“岭南青铜文化是否肇始于商代？”其下又分两部分，一是“浮滨类型遗存和直内无胡戈的年代问题”；二是“棠下环铸铜石范问题”。由于棠下环遗址仅有石范，尚未见青铜器，本文暂不涉及。对于直内无胡青铜戈和与其相关浮滨类型遗存，该书的质疑主要涉及三个问题：一是 1974 年发掘饶平浮滨顶大埔山浮滨类型墓葬时采集的 1 件直内无胡青铜戈是否属于浮滨类型遗存，浮滨类型有无青铜器？二是如果那件直内无胡青铜戈确属浮滨类型遗存，那么它是否“东周时期粤东越人的仿古铜器”？三是浮滨类型遗存是否早于夔纹陶类型遗存，浮滨类型遗存是否确“与夔纹陶类型遗存有过共存和相互影响的时期”？李伯谦围绕这三个问题逐一展开分析。

关于第一个问题，《研究》认为，这件直内无胡青铜戈“不是出自墓葬中，而是当地农民在墓地挖土时发现的”，是采集所得，没有证据证明和墓葬中出土的其他遗物共存。这就是说，书中并不认为这件直内无胡青铜戈属于浮滨类型遗存，目前尚无浮滨类型有青铜器的可靠证据。

浮滨顶大埔山这件青铜戈，确为采集所得。《研究》认为不能据此将它作为浮滨类型已有青铜器的直接证据，是有道理的。但李伯谦觉得，任何事情都不能孤立地去看。从顶大埔山浮滨类型墓葬所在地点文化遗存的分布与堆积情况分析，这一地点除发现浮滨类型墓葬外，不见有其他时期的文化遗存，因此，这件铜戈虽非出于某一特定墓葬，但其为某一遭到破坏的墓葬中的遗物的可能性不能排除。如果把视野放远一些来看，除饶平顶大埔山之外，在福建漳州虎林山遗址同属浮滨类型的墓葬中，即出有与顶大埔山采集的铜戈形制相关的青铜戈。此外尚有矛、铃等青铜器。1974 年，在福建南安大盈寨山也出过一批青铜器，疑为墓葬随葬品，虽未见同出的陶器，但其中戈、矛的形制与虎林山墓葬出土的同类器十分相似，同出的玉戈、玉璜与浮滨类型遗存同类石器形制亦相同。吴春明教授认为，它也是浮滨类型文化遗物。由此可见，浮滨类型的居民已能铸造青铜器，浮滨类型属于青铜文化应该是不争的事实。由福建博物院等发掘并编著的《虎林山遗址》发掘报告出版于 2003 年 11 月，《研究》一书出版于 2006 年 12 月，中间相差 3 年的时间，《研究》在专门讨论浮滨类型有关问题时，忽略了这批重要的材料，无论如何是说不过去的。

关于第二个问题，《研究》怀疑顶大埔山采集的直内无胡戈“很可能也是东周时期粤东越人的仿古铜器”。李伯谦猜想，《研究》中的“仿古铜器”应是指文化传播过程中，传播受体在传播主体影响下，出于某种目的，也许仅仅是喜好，对传播主体中某种铜器模仿铸造的产品。在浮滨类型遗址中，虎林山大盈寨山有直内无胡的铜戈，在许多遗址中还见有大量的直内无胡石戈，追溯其渊源，显然与中原商文化中流行的直内无胡戈有密切关系。商文化要实现向南方的传播，主要通过作为传播中介的吴城文化。吴城文化中，除发现形制上更接近浮滨类型的直内无胡戈和石戈，还发现有既与浮滨类型又与商文化特点相似的大口尊，折肩凹底罐、壶等陶器。浮滨类型中，这些具有商文化特点的器物是通过吴城文化传播而来的，已是学术界得到公认的事实。属于吴城文化的新干大墓的年代相当于殷墟晚期早段，其出土的直内有胡戈和曲内戈，根据其随葬陶器的类型学分析，其年代并不是吴城文化中最晚的。因此，即使考虑到文化传播过程中的“时间差”，浮滨类型的直内无胡戈的铸造年代也许会比吴城文化略晚一些，但也绝不会晚至东周，绝不会是东周时期粤人的仿古产品。

关于第三个问题，《研究》认为，虽然根据博罗横岭山的发掘成果，浮滨类型可能比夔纹陶遗存“略早一点”，但“目前没有直接的地层证据证明浮滨类型遗存叠压在夔纹陶类型遗存之下”。反之，倒“有一些证据反映浮滨类型遗存与夔纹陶类型遗存有过共存和相互影响的时期。他举出的例证有香港蟹地湾遗址、东湾仔遗址和揭阳地都蜈蚣山遗址。考古学是最讲实证的学问，任何结论的得出，都必须有足够的材料作根据。那么上述三处遗址，是否真有过硬的材料可以证明浮滨类型遗存与夔纹陶类型遗存确曾有过共存和相互影响的时期呢？

李伯谦认为，香港蟹地湾遗址于1968—1979年经过5次发掘，出土遗物相当丰富。李龙章先生说："香港发掘的蟹地湾遗址就在同一深度的地层中既出土有夔纹陶类型遗物，也发现有浮滨类型的大口尊、曲腹豆、高柄酱釉豆等。"根据蟹地湾考古发掘报告和商志䃅先生的研究，事实的确如此。但我们知道，同一深度未必就是同一文化层，这是两个根本不同的概念，不可混为一谈。而蟹地湾遗址的发掘，正如商志䃅先生指出的，"按深度进行发掘的方法而形成的人工层位，是无法按土质、土色的变化和出土遗物来划分文化层的"。在同一深度的土层中出现不同时期的文化遗物，恰恰说明发掘者不懂得考古地层学的基本原理，而把同一深度误认为是同一文化层了。了解了蟹地湾遗址发掘的具体情况，读过商志䃅先生的文章，似乎就不能再以其为浮滨类型曾与夔纹陶类型有过共存与相互影响的根据了。

香港马湾岛东湾仔遗址的情况如何呢？发掘简报将遗址分为三期，"第三期文化遗址只在C13中发现，由于遗物较少，并不构成一个文化层，只

▲ 1994年10月6日访问日本出光美术馆，与弓场纪知先生观看馆藏中国铜器

发现一些泥质硬陶片，可辨器形有罐、盘、壶等”。李伯谦注意到，C13 并未提到发现有夔纹陶片，但由于简报中将 C13 出土的硬陶和广东博罗园洲梅花墩、银岗两处遗址烧制的印纹硬陶器相比附，而这两处遗址是出土有夔纹陶片的，因此，李文将以 C13 为代表的东湾仔北第三期文化遗存归为夔纹陶类型遗存，似并无不可。但不论是发掘简报还是李龙章先生的著作，将随葬有典型浮滨类型器物——长颈圈足壶、双流壶、口部有对穿小孔的杯等的墓葬 C1044 也归入与 C13 同期，就有点欠妥了。简报中 C1044 位于 530/860 探方东隔梁下。被 C1004 层叠压。开口于 C1004 层的底部，并打破 C1007 层。而被简报归为第二期遗存、位于 530/860 探方南面不远的 TK2 探方的墓葬 C1061，也是开口于 C1004 层的下层面，只不过打破了 C1009 层。应该说，从层位关系上看，C1044 和 C1061 是处于大体相同的位置。但简报将 C1044 视为第三期遗存，将 C1061 视为第二期遗存，殊为不解。况且，C13“遗物较少，并不构成一个文化层”，又怎么能包含一个墓葬呢？实际情况很可能是 C1004 开口于上文化层之下，打破了所谓中文化层。如果确实如此，那么，C1044 的文化归属就有三种可能：一是与中文化层接近，基本属于一个时代；二是与上文化层接近，基本属于一个时代；三是既不归属于被其打破或叠压的中文化层，也不归属于叠压着它的上文化层，而是在时间上介于中文化层和上文化层之间、在文化性质上相对独立的一个单位。发掘简报在“初步认识”部分，虽将 C1044 归为第三期，但敏锐地指出，其出土的长颈圈足壶和双流壶，跟粤东地区浮滨文化墓葬出土的长颈大口尊和鸡形壶有承袭和演化关系。由于东湾仔北遗址浮滨文化墓内出土的折肩圜底罐与第二期遗存的同类器相似，所以这些墓葬很可能是浮滨文化早期墓。这就表明，早在 3000 多年前，珠江三角洲地区的先民与粤东韩江三角洲地区的先民，已有一定程度的接触了。显然，简报作者并不把 C1044 看作晚于浮滨类型的夔纹陶类型的遗存。

那么，揭阳地都蜈蚣山遗址能否作为这种立论的根据呢？根据李伯谦的分析，答案同样是否定的。除表土层外，发掘者将揭阳地都蜈蚣山遗址的地层分为上、下两个文化层。下文化层即第 3 层，属新石器时代文化堆积层。上文化层即第 2 层，发掘者根据其是否曾被扰乱，将西坡 T1、T2 经过扰乱的第 2 层称为第 2A 层，将南坡 T3、T4 未经扰乱的第 2 层称为第 2B 层。第 2A 层中出土有夔纹陶片，第 2B 层中出土有硬陶和釉陶片，不见夔纹陶片。所谓釉陶片，实际上是浮滨类型中常见的施酱色釉的大口尊等器物的碎片。

发掘简报执笔邱立诚、毛衣明根据发掘时的层位划分和各层出土遗物特征，总结指出：“2B 层出现有少量硬陶，陶器花纹中的长方格纹、菱格纹与曲江石峡中层的情况较为接近，出现的釉陶及条纹、编织纹与饶平商代墓葬出土的同类器相近，时代约相当于商代。2A 层曾受到后期的侵扰。除包含第三层和 2B 层的同类遗物外，陶片花纹中还见有重圈乳钉纹、夔纹，时代下限大体在西周至春秋之际。”这是依据遗址的地层和出土遗物综合分析得出来的结论，这一结论也得到了李岩等先生的支持。但《研究》却只看 T1、T2 经过扰乱的第 2 层（即第 2A 层）中浮滨类型陶片与夔纹陶类型陶片共存的现象，将其作为“浮滨类型遗存与夔纹陶类型遗存在此可能是同时并存的关系”的证明。如果情况果真如此，那么，同在揭阳市内西北距蜈蚣山只有 3 公里的油柑山遗址发现的 8 座浮滨文化墓葬共出土 27 件陶容器，为什么没有一件施夔纹、器形具有典型的夔纹陶类型时期陶器的形制呢？在其他地区包括顶大埔山、福建漳州虎林山、鸟仑尾与狗头山等地的浮滨文化遗存中，同样不见二者同时共存的现象。这难道还不能说明二者并不同时，亦并不互相影响吗？蜈蚣山遗址 T1、T2 第 2 层是一处扰进有夔纹陶陶片的扰乱层，依据扰乱层呈现的现象，怎么能得出符合实际的结论呢？

李伯谦通过以上的分析指出，饶平浮滨顶大埔山发现的直内无胡青铜戈尽管是采集所得，但有福建漳州虎林山、南安大盈寨山等遗址材料的佐证，其为浮滨文化的遗物，浮滨文化时期已能铸造青铜，是毫无问题的。当然，浮滨文化的青铜技术不是当地的，而是中原地区的商文化通过吴城文化向岭南传播的结果。文化传播是十分复杂的文化现象，一般来说，在文化传播过程中，从甲地到乙地会有一定的“时间差”，但如果没有十分特殊的原因，传播过程中产生的“时间差”不会有太长的时间。经多方面的研究，吴城文化的下限不会晚到西周，因而将在吴城文化影响下出现的浮滨文化存在的时间估定为相当于中原商代晚期至西周前期是合乎情理的。浮滨文化主要分布于粤东闽南地区，夔纹陶文化分布于广东全省，甚至更远，浮滨文化不与夔纹陶文化共存，而且早于夔纹陶文化，是铁定的事实。有直内有胡戈和曲内戈的墓葬，根据其随葬陶器的类型学分析，其年代并不是吴城文化中最晚的。因此，即使考虑到文化传播过程中的“时间差”，浮滨类型的直内无胡戈的铸造年代也许会较吴城文化略晚一些，但也绝不会晚至东周，绝不会是东周时期粤人的仿古产品。

以上这些由众多学者研究得出，并有大量考古发掘成果予以证实的科学论断，不需怀疑，也是难以否定的。

下面摘引李伯谦《江南考古的重大突破》，录文如下：

《江南考古的重大突破》

——为纪念吴城遗址发掘三十周年而作

江南地区和中原地区一样，也有着自己的青铜时代。

1973 年发现的江西省樟树市（原清江县）吴城遗址，从 1973 年至 2002 年经过 10 次发掘，获得了一批又一批前所未见的新资料，是江南考古的重大收获、重大突破。

1973 年吴城遗址发现与开始发掘以前，考古学界对长江以南先秦时期考古遗存的认识，基本上还停留在软陶—硬陶—印纹陶三个发展阶段的水平上。在长江以南，尤其是江西、浙江、福建、湖南、广东、广西以及上海、苏南等省区，有没有青铜文化，存在不存在青铜时代；含几何形印纹陶的遗存是属于一个统一的几何形印纹陶文化，还是可以分为几个不同的考古学文化；长江以南何时开始进入文明时代，有了国家；江南地区和中原地区在文化上存在着什么联系等一系列问题，长期处在扑朔迷离、若明若暗的状态，缺乏明晰的见解。

1973 年开始的吴城遗址的发掘，在文化层和灰坑中发现了铸造戈、镞、锛、凿及容器等青铜器的石范。调查和发掘时，在文化层和墓葬中还发现有鼎、器盖、戈、矛、剑、镞、刀、锛、凿、斤等青铜器。这些青铜器的出土，尤其是石范的发现，证明这些青铜器确为当地所铸，从而以确凿的事实证明，以吴城遗址为代表的吴城文化已经是青铜文化，江南地区和中原地区一样，也有着自己的青铜时代。

在吴城遗址中，除发现江南地区尤其是东南一带常见的几何形印纹陶和原始瓷器，与其共存的尚有比较典型的绳纹锥足分裆鬲、假腹豆、卷沿深腹盆、小口折肩罐等商式陶器。发现的青铜器中大多也具有明显的商文化同类器的特点。由此可见，以吴城遗址为代表的这支青铜文化，不仅是江南地区最早被确认的青铜文化，而且是江南地区首次发现的商时期的青铜文化。这一结论的得出，彻底纠正了以往长期把江南地区含几何形印纹陶的遗址统统归为新石器时代遗址的错误认识。

吴城遗址堆积厚，遗迹、遗物丰富。根据文化层和遗迹的叠压打破关系以及遗物形制的演变规律，发掘者将其分为三期，第一期相当于中原地区商文化二里岗期上层阶段，第二期相当于殷墟早期，第三期相当于殷墟晚期。

这是江南地区最早建立起来的青铜时代考古年代分期标尺。在原来所分三期的基础上，根据后几次发掘的新资料，江西省文物考古研究所又将第一期分为一、二两段，第二期分为六至七段，使原来的分期更加细致、充实，也使江南地区青铜时代考古有了可靠的年代分期依据。但是我们也应该清醒地看到，吴城遗址本身还有很多问题，例如大型宫殿基址、铸铜作坊遗址、大型贵族墓葬仍未发现，以吴城遗址为代表的吴城文化的渊源与去向依然不清，这些都是以后需要通过扎扎实实的工作去解决的，我们仍需再攀高峰。

李伯谦关于晋文化的研究，涉及青铜文化多篇。在《眉县杨家村出土青铜器与晋侯墓地若干问题的研究》一文中，李伯谦说：

我在《晋侯墓地墓主之再研究》一文中，曾列图比较晋侯对鼎、晋侯苏鼎和 M64 夫人墓 M62 及 M93 出土之半球腹鼎的演变，许杰先生自己的文章中也援引了这张比较图，不知为什么，没有注意 M62:79 半球腹鼎和晋侯苏鼎在体型上是那么相似，而这件鼎恰恰是出于 M64 晋侯邦父的夫人墓 M62 中，且目前尚没有证据能够证明 M62 一定晚于 M64。如果 M64 真的早于 M8 和 M1，那么又如何解释和晋侯苏鼎体型如此相似的半球腹鼎

▲ 1994 年 11 月 28 日，和俞伟超先生访问台湾“中研院”史语所，与石璋如、张光直、管东贵、王泛森、臧振华等先生合影

▲ 1994 年 11 月 28 日访问台湾史语所时，与石璋如先生合影

在 M64 的夫人墓 M62 中也有出土，以它们为代表的半球腹鼎在西周晚期至春秋鼎型的演变中一定是偏晚的例子呢？显然，许杰先生据此将 M64 置于 M8、M1 之前的理由是不充分的。除鼎之外，许杰先生还比较了 M64 和 M8 出土的簋、壶、编钟等铜器，并得出这样的结论：在已发表的材料中，出自 M64 的器物，没有可以显示 M64 必定晚于 M8 的。

卢连成先生认为，“8 组大墓分为东、西两区，东区的 6 组墓葬，它们的早晚序列可重新排定为：M6、M7—M9、M13—M32、M33—M91、M92—M1、M2—M8、M31”，“西区 2 组墓葬的早晚序列暂时不能排定，但它们的绝对时限肯定要晚于东区的 6 组墓葬”，东区“六代晋侯大墓的坑位可能仍然遵循着西周昭穆排列的礼制”。

张长寿先生有两篇论文，第一篇发表于《文物》1998 年第 1 期，当时 M114、M113 组也尚未发掘；第二篇是在 2002 年 8 月 1 日至 3 日于上海博物馆召开的“晋侯墓地出土青铜器国际学术研讨会”上提出的，M114、M113 组的发掘简报已经发表。两篇论文的主旨基本一致，即“设想晋侯墓地的系列是由东起第一行从北往南，再转到第二行，如此反复”，“各墓组的排序为：（1）M9、M13;（2）M114、M113;（3）M1、M2;（4）M6、M7;（5）M8、M31;（6）M33、M32;（7）M91、M92;（8）M64、M62、M63;（9）M93、M102”。

彭林先生的论文也是在M114、M113组发掘以前发表的，他认为，“整个晋侯墓群的排列顺序，当与昭穆制度有关”。依此认识，他排出的序列是：M9、M13—M6、M7—M1、M2—M32、M33—M8、M32—M91、M92—M62、M63、M64—M93、M102。

倪德卫、夏含夷的论文主要是谈晋侯墓地出土的编钟，对南三排墓的关系，却从昭穆制度出发，推测出的献候和穆侯的世系是颠倒的，即M64应早于M8。

许杰先生的论文，一篇是英文稿，发表于1996年；另一篇是中文稿，发表在《晋侯墓地出土青铜器国际学术研讨会论文集》中。两篇论文均认为，晋侯墓地南排之M64早于M8和M1，而M8和M1的早晚关系尚不可知。

通观以上论文，卢连成、张长寿、彭林、倪德卫、夏含夷、许杰诸位先生对自己的论点虽有一些论证，但并未充分展开，他们之所以不同意我们的排序结果，似乎主要是因为过于相信文献中关于周代墓葬按昭穆安排墓位的记载，试图以昭穆制度来解释晋侯墓地的排列。实际上，对于周代特别是西周时期，是否以昭穆制度安排墓位，历来有争议。如果对浚县辛村卫国墓地、三门峡虢国墓地、曲沃曲村墓地、侯马上马墓地、宝鸡強国墓地、沣西井叔墓地等统一进行分析，便会看到，无论是公墓还是邦墓，都看不出任何昭穆制度的影子，晋侯墓地与之相比虽有自己的特殊性，但在这一点上，是和它们一致的。试图以昭穆制度来解释晋侯墓地的排列，不仅不能如实地理出清晰的规律，反而会弄得更乱。

相比之下，许杰的论文主要是通过对M64、M8、M1及M92出土的晋侯邦父鼎、晋侯苏鼎、晋侯对鼎的形制比较来论证的。他将晋侯邦父鼎归为垂腹鼎，将晋侯苏鼎、晋侯对鼎归为半球腹鼎。他认为：垂腹鼎“滥觞于商代晚期而流行于西周，春秋初期仍可见到无疑已是尾声”，“西周晚期至春秋初期的垂腹鼎似经历了在此例上从垂腹较深到较浅这一演变过程”，“半球腹鼎盛行于垂腹鼎趋于尾声之时，是出现于西周晚期的新鼎型”。半球腹鼎在西周晚期至春秋初期间经历了“腹部由深变浅，口径由小变大，兽蹄形足由矮变高的演变过程”，鼎耳也“经历了由立耳向附耳的转变”。垂腹鼎和半球腹鼎曾“共处于西周晚期”。因此许杰认为，只从鼎型的兴衰和纹饰的不同难以判断其间的早晚关系，“较为可行的途径似为考察两鼎各自在其鼎型中的器形时代特征，以此进一步获得有关它们年代早晚的线索”。应该说，这些论述颇有见地，提出的方法也是可行的。但遗憾的是，他由此得出“在西周晚期至春秋早期的铜鼎演变过程中，晋侯邦父鼎属垂腹鼎中偏早的例子，其绝对年代相当于厉王世”，而晋侯苏鼎和晋侯对鼎“属半球腹鼎中偏晚的例子，其绝对年代当不早于宣王世”，即出土晋侯邦父鼎的 M64 早于出土晋侯苏鼎的 M8 和出土晋侯对鼎的 M1 的结论，却过于绝对，需要加以辨明。

要从铜器形态学的角度来判断其早晚，最好是有一组年代明确的标准器可资比较，我认为，新出土的眉县杨家村窖藏青铜器就是这样一组理想的标准器。

眉县杨家村窖藏青铜器共有 27 件，其中 1 件带“天”字族徽的盂，可早到西周中期至西周中晚期之际。其余逨盘 1、逨盉 1、四十二年逨鼎 2、四十三年逨鼎 10、单叔鬲 9、叔五父匜 1、单五父壶 2，共 26 件，俱属西周晚期叫作逨的一人所铸。逨盘铭文有 372 字，记载逨追述单氏家族 8 代人辅佐 12 位周王的事迹，对从文王至厉王的 11 代周王皆称其谥号，对时王则只称天子而不称宣王，可见，逨盘乃逨为纪念受到宣王的赏赐和任命而作。

据文献记载，西周晚期诸王中在位超过 40 年的只有宣王，达 46 年，则四十二年、四十三年逨鼎应即宣王的四十二年和四十三年。其他鬲、壶、匜等既为逨一人所铸，时代自属宣王。可见 27 件铜器除盂外，都是宣王时的标准器。我们虽主张晋侯墓地 M1 早于 M8，M8 早于 M64，但认为这 3 座墓俱在宣王时期。现以眉县杨家村出土的宣王时期标准器与晋侯墓 3 组墓出土的同类青铜器相比，究竟有没有抵牾呢？

先看逨鼎。四十二年逨鼎 2 件、四十三年逨鼎 10 件，各大小相次，形制、纹饰几乎全同，均口微敛，立耳垂腹，底微圜近平，兽蹄形足，口下一周窃曲纹，腹部一周波曲纹（或曰环带纹）。与晋侯邦父鼎及大、小克鼎相比，形制、纹饰都很相似。略显区别的是，晋侯邦父鼎的腹壁略直，垂腹不如逨鼎和大、小克鼎明显，口径与通高之比略大；大克鼎的腹部较深，口下所饰由夔龙纹演化而来的窃曲纹还保有凸起的眼睛，具有稍早的特征。除此之外，要在它们之间分出早晚，实在很难。看来，与逨鼎一样，晋侯邦父鼎也应该是宣王时期垂腹鼎的标准形制。

再看逑盉。逑盉乃逑为其始祖单公所铸，扁圆腹，长方形口，凤鸟形盖，有环与器身相连，兽首形口长直流，伏兽形鋬，器身下有 4 个龙形矮足。腹部纹饰由外而内有窃曲纹、重环鳞纹各一周，中心是正视蟠龙纹。从造型、纹饰看，与晋侯墓地 M8 的夫人墓 M31:8 盉相似，不同处在于 M31:8 盉器身下是以两个弓背半蹲裸人为足，兽形流虽长，但为曲颈，鋬作兽首形不作伏兽形，腹部中央纹饰为侧视蟠龙纹。造型、纹饰如此相似者，并不多见。

再看单五父壶。单五父壶 2 件，大小基本相同，乃单五父（即逑）为其父考所铸。以单五父壶和晋侯墓地 M8:26 晋侯壶相比，除单五父壶壶盖为常见的长方形子口盖，晋侯壶为莲瓣状盖有异外，二者的造型均为长颈、垂腹、椭圆形，颈部纹饰为波曲纹（环带纹），腹部纹饰为一头双身交龙纹，圈足上为窃曲纹，兽耳衔环，可谓惟妙惟肖。

其他足资比较的还有匜。杨家村窖藏出土的单五父（即逑）匜与晋侯墓地 M64 的夫人墓 M62 出土的 M62:76 匜，俱为宽流，椭圆形腹，龙首形鋬，龙首形足，腹部饰瓦纹。不同的是，单五父匜口下饰一周窃曲纹，M62:76 匜口下饰一周重环鳞纹。通过比较可以看出，晋侯墓地南排 3 组墓出土的器物和杨家村窖藏出土的青铜器有比较相似的特征，尤其是晋侯邦父鼎，与四十二年、四十三年逑鼎的造型更是如出一范。因此，以晋侯邦父鼎为西周晚期至春秋垂腹鼎型演变历程中偏早阶段的例子，以晋侯苏鼎、晋侯对鼎为西周晚期至春秋半球腹鼎型演变历程中偏晚阶段的例子，证明出晋侯邦父的 M64 一定早于出晋侯苏鼎的 M8 和出晋侯对鼎的 M1（包括 M92）是缺乏说服力的；而以四十二年、四十三年逑鼎及与其共出的其他宣王时期铜器为标准，将 M1、M8、M64 定为宣王时期，又根据其排序及其他随葬器物包括陶鬲在内的演变规律，推定 M1 早于 M8，M8 又早于 M64 则有较多的根据，更符合实际。对此，朱凤瀚、李朝远在他们的论文中皆有论述。

李伯谦对中国青铜文化研究得如此透彻，令人折服、赞叹，是他搭起了中国青铜文化研究的框架，建立起中国青铜文化的体系，后来的研究只能在上面添砖加瓦。

1. 综论篇

《中国青铜文化的发展阶段与分区系统》

《庄重典雅的商周青铜器》
《商周青铜剑发展谱系的缩影》
《中原地区东周铜剑渊源试探》
《中国文明的起源与形成》

2. 中原篇

《论造律台类型》
《二里头类型的文化性质与族属问题》
《东下冯类型的初步分析》
《先商文化探索》
《夏文化与先商文化关系探讨》
《后李商代墓葬族属试析》
《㠱族族系考》
《天马—曲村遗址发掘与晋国始封地的推定》

3. 北方篇

《论夏家店下层文化》
《张家园上层类型若干问题研究》
《北京房山董家林古城址的年代及相关问题》
《从灵石旌介商墓的发现看晋陕高原青铜文化的归属》
《内蒙古考古的新课题
——1989 年 8 月在内蒙古中南部原始文化学术讨论会上的发言》

4. 南方篇

《我国南方几何形印纹陶遗存的分区、分期及有关问题》
《试论吴城文化》
《马桥文化源流》
《湖熟文化研究中的若干问题
——在湖熟文化命名三十周年学术讨论会上的发言》
《吴文化及其渊源初探》
《关于岭南地区何时开始铸造青铜器的再讨论》
《香港南丫岛出土的牙璋的时代和意义》
《对三星堆文化若干问题的认识》
《城固青铜器群与早期蜀文化》
《长江流域文明的进程》

5. 方法篇

《文化因素分析与晋文化研究

——1985 年在晋文化研究座谈会上的发言》

《论文化因素分析方法》

《从对三星堆青铜年代的不同认识谈到如何正确理解“文化滞后”理论》

除了以上 31 篇，李伯谦还有许多重要的研究青铜器的文章。

关于青铜器族徽，李伯谦通过一个徽记透视解读了商王朝的统辖范围与统辖措施。

《从殷墟青铜器族徽所代表的族氏的地理分布看商王朝的统辖范围和统辖措施》，文中说，在中国上古史上，自公元前 16 世纪初汤灭夏建立商朝，至公元前 11 世纪武王伐纣商朝灭亡，商王朝在长达数百年的历史进程中，学者们根据其势力的强弱变化，或以武丁为界分为商朝前期、后期两大阶段，或以汤都亳至仲丁迁隞，仲丁迁隞至武丁即位，武丁即位至帝辛（纣）灭亡，分为早、中、晚三期。在商朝前期或商朝早、中期，根据考古发现已经知道，以黄河中游为中心，商文化往北以拒马河、北易水为界与夏家店下层文化为邻，并一度突进到河北宣化盆地的壶流河流域；往西最远已进入陕西关中平原；往南的分布已濒临长江，影响所及已过江南；往东随着对岳石文化的逐步排除，已推进到山东淄、弥河流域。在东西南北各长约 1000 千米

▲ 1994 年 11 月，访问台湾“中研院”史语所，与张光直先生在一起

的范围内，都有商文化的分布。

晚商青铜器铭文中虽然没有像甲骨文那样丰富的有关族氏活动的记载，却有不少作为族氏标识的族徽。殷墟作为商王朝的首都，是出土族徽最多的地方，表明这些族徽所代表的族氏同商王朝有着千丝万缕的联系。而且，与甲骨文集中出土于殷墟不同，带有族徽铭文的青铜器，除殷墟以外，其他地方也有出土。因此李伯谦认为，通过对殷墟出土族徽铭文铜器的梳理，并联系与其相同的的族徽在外地的出土情况，以署同一族徽的铜器在同一单位成组出土为标志，先确定几个定点，然后参照有关卜辞和文献记载综合研究，在对有关族氏的居地和活动地域及其与商王朝关系的研究上是有可能取得某些突破的。

根据李伯谦的初步统计，殷墟青铜器和其他质地文物上所见的族徽在百种左右，基本上都出土墓葬之中。在一座墓葬中，只出1件铜器且有族徽铭，或随葬2件以上同铭族徽铜器且在该墓中居于多数，李伯谦推测该墓的墓主一般应该就是此族徽所代表的族氏的成员。若以此为标准，据初步统计，自武丁至帝辛200多年间，曾经在王朝居住死后又葬于此的，至少有90多个。

考古发掘出土的带徽族铭文铜器只是一部分，传世的族徽铭文铜器更不在少数。其中有些族徽，例如“亚醜”，根据甲骨文有“小臣醜”可知，其所代表的族氏的一些成员也是王都的居民。

1983年，山东寿光“益都侯城”出土铜器64件，其中有铭铜器19件。单铭“已”字的见于2件锛上，已、并复合族徽见于16件青铜礼器上。
丛即“并”，彭邦炯论证，并族居地当在今之山西，我们也有相同看法。此处是已族的居地，从周代彝铭可知，已、纪为一，是姜姓同族。已与并合署，其含义尚待研究。

1932年，安阳出土铭“先”字族徽的铜鼎1件。20世纪初，从山西浮山盗出一批带“先”字族徽的铜器。后经清理，发现有带墓道的大墓。

有些族氏，仅有零星铜器出土或根本没有徽铭铜器出土，但根据甲骨文有关内容，对其居地也是大体可以推定的。例如攸族，铜器上不见攸族族徽，但甲骨文征人方路线上有此地点。位于山东益都苏埠屯的醜族曾与其有过往还，故攸族亦在殷之东方。王恩田根据甲骨文征人方路线的再研究，除了确定攸之所在，还推定了相关的索、杞等族之地望。又如，殷墟妇好墓出土玉戈上，发现有墨书“卢方皆入戈五”字样，此卢方与山东长清兴复河出土铜器上之族有合署关系。卢方之居地，可能与醜族原居地不会很远。

另有一件石磬刻“妊竹入石”，竹见于甲骨文，辽宁喀左出土的一件罍上刻有族徽，晏琬释为孤竹，一般认为，孤竹在今河北省卢龙县一带。

如果对上述族氏之居地和活动地域做一总括分析，我们可以看出，商代晚期商王朝的势力范围，北边可到河北省北部，南边在河南省南部，西边抵关中、东边达鲁东。商王朝显然不是一个局促一地的小王国，而是名副其实的泱泱大国。

关于青铜文化的分布格局及其相互关系。李伯谦认为是点与面的关系。中原不是青铜文化的唯一源流，但它是青铜文化的主流，对中原周边产生过辐射、影响，甚至是覆盖。

关于商文化对周边的影响，李伯谦认为，商文化是以黄河中游为中心的中原地区继二里头夏文化之后兴起的一支主流青铜文化。根据学者们的研究，商文化可分为前、后两期或者早、中、晚三期。早商时期是商文化急剧向外扩张的时期，它不仅覆盖了豫北、冀南原来先商文化的分布地域和豫西、晋南原来夏文化的分布地域，而且向北一度突进到河北宣化盆地

▲ 1998 年 10 月 20 日，参观殷墟博物苑，与朱凤瀚教授合影

的壶流河流域，向南远达长江，向西远达关中，向东则推进到了山东的淄河、弥河一带。以黄河中游为中心，在东西、南北各长约1000千米的范围内，都有商文化的分布。如果将审视的目光从商文化扩展到更大的范围，我们即可看到，这时期在商文化分布范围的四周，北有夏家店下层文化和朱开沟文化，南有以湖北江陵荆南寺类型早期、江苏湖熟文化早期、江西吴城文化早期及以江苏、浙江、上海的马桥文化中期为代表的长江流域诸青铜文化，西有陕、甘地区被称为羌戎系的青铜文化，东有节节退缩至山东、苏北沿海一带的岳石文化晚期遗存。

李伯谦认为，早商文化是当时分布范围最广、实力最为强大、发展水平最高的青铜文化。他说，商代早期，商文化急剧对外扩张，这与新兴起的商王朝内部政局的稳定密不可分。史载汤灭夏定都于亳，据邹衡先生研究，即今发现的郑州商城，历五代九王不曾迁都。而自仲丁以后，商王朝却经历了九世之乱，国都屡迁，实力大减。表现在考古学上，便是进入商代中期以后，商文化的分布范围逐步收缩，直至盘庚迁殷后的武丁时期亦

▲ 20世纪90年代举办青铜器维护研讨班时，与汤姆·奇思、臧振华等先生合影

即晚商阶段之初，商文化退缩的态势才得以停止。武丁是商朝的一代名君，从盘庚迁殷特别是武丁开始至帝辛灭国，两百多年间未再迁都，政局稳定，国力陡增。武丁时期，不仅遏制了商文化节节退缩的趋势，而且四出征伐，在一些地区又有新的突破，在早商文化分布的东部一线，往东又有所扩展，建立了“醜”“己”等与商友好的异姓方国。

谈到中国青铜文化分布的基本格局，李伯谦认为，这时期，商文化的大体分布范围是，北至北易水、拒马河一线，与继夏家店下层大坨头类型兴起的张家园上层文化为邻；南至长江北岸，由西往东分别与周梁玉桥类型、费家河类型及湖熟文化晚期遗存等青铜文化为邻；西至陕西北部，与先周文化、羌戎文化相交错；西北至山西霍太山与山陕高原的石楼—绥德类型青铜文化对峙，构成了公元前14—前11世纪中国青铜文化分布的基本格局。

李伯谦指出，晚商时期与前相比，商文化的分布范围总体上有所缩小，各周邻文化均有不同程度的扩大和发展，但两相比较，二者仍然有不小的差距，商文化依然是当时发展水平最高的强势文化。不过，随着时间的推移，商文化与周邻文化之间的关系也在不断发生变化，有的基本维持着对立的平衡，有的则互有进退，而来自西部的先周文化的崛起，最终导致商王朝的灭亡和以周文化为主导的新的文化格局的出现。

商文化与北方邻境文化交往的历史是最长的。根据邹衡先生的研究，商文化起源于冀南、豫北，以河北磁县下七垣遗址为代表的下七垣文化，即是夏代的先商文化。分析下七垣文化的内涵不难看出，其一开始就包含某些北方夏家店下层文化的因素，这应该是受到夏家店下层文化的影响。夏、商王朝的更迭，为商文化的发展注入了新的活力，早商文化向北突破了原来先商文化分布的范围，一度推进到宣化盆地的壶流河流域，在更北的分布于内蒙古中南部的朱开沟文化晚期遗存中，也曾出土过典型的早商文化的陶器和铜器。

商文化与晋、陕高原青铜文化交往的历史，同样可以追溯至较早的年代。过去我们探讨商文化的起源时，曾将晋中地区龙山期文化作为下七垣先商文化的源头之一。到早商时期，典型的商式鬲、商式豆等器物，也常常发现于晋中甚至晋北地区的遗址中，而发现这些与商系统文化有密切关系的遗存的地点，正位于晚商时期石楼—绥德类型青铜文化核心分布区的东边。石楼—绥德类型青铜文化是晚商时期商文化周边最强大的一支青铜文化，延续时间长，分布范围广，以商式青铜器（主要是礼器）和北方系铜器（主要是兵器工具，亦有少量容器）共存为重要特征。过去学术界一直不知道商文化与石楼—绥德类型青铜文化分布范围的界限，20 世纪七八十年代，山西灵石旌介 3 座随葬较多丙形族徽青铜器的墓葬的发现，使我们看到了两者的区别与联系，第一次找到了划分商系文化与石楼—绥德类型青铜文化地域分野的标志。因为根据对旌介铜器墓文化因素的分析，其主要器群属于商文化系统，少部分可看出有石楼—绥德类型文化的因素，其丙形铜器铭文则明白无误地表明，其墓主人的所属是和商王朝有着密切的主从关系的国族，表明这里应该就是商王朝对抗石楼—绥德类型青铜文化主人的前哨。而石楼—绥德类型青铜文化的主人，则可能是屡见于甲骨文、时常与商王朝作对的𢀛方。从考古资料分析，石楼—绥德类型青铜文化代表的经济类型是农牧混合经济，畜牧经济占的比重可能更大，而这种经常处于游动之中的居民，按照一般的认识，是不大可能自己铸造青铜器尤其是青铜容器的，但事实证明，石楼—绥德类型青铜文化除了大量掳掠、使用商王朝的青铜器，自己也能铸造青铜兵器、工具和容器，李伯谦在《从灵石旌介商墓的发现看晋陕高原青铜文化的归属》的文章中，所列的具有明显地方特色的石楼—绥德类型青铜文化 B 组和 C 组铜器，主要都应该是他们自己铸造的。当然，商文化青铜铸造技术的影响无疑起到了重要的作用。

商文化向西的传播和由西向东的节节退缩贯穿了商王朝的始终。以商灭夏为契机，早商文化曾以极快的速度向西推进，陕西华县南沙村、耀县北村、西安老牛坡等二里岗下层文化遗存的发现，表明商王朝建立伊始即开始了向西开拓的历程。至迟至二里岗上层偏晚阶段，其前锋已抵达关中地区，并与当地原居文化相融合，形成了以耀县北村和扶风壹家堡遗存为代表的早商文化北村—壹家堡类型。北村—壹家堡类型不仅发现了典型的成组合的早商文化陶器，也发现具有二里岗风格的铜器，早商时期商人已到达关中腹地并开始经营关中，是可以肯定的。陕西关中西部原是羌戎族的居地，羌戎是一个庞大的族系，其文化覆盖了今陕、甘、青、宁等省区大部分地区。当时代的车轮转动到商代时期，大约自武丁以后，随着羌戎族和先周族力量的崛起，开始排挤商文化。根据在周人发源地的周原的考古发现，相当于商代晚期阶段，已基本看不到商文化的踪迹，代之而起的是分别以高领袋足鬲和联裆鬲为代表的姜、姬两姓文化交替转换并逐步融合的历史进程。商文化的后退是一个渐进的过程，西安老牛坡遗址的发掘表明，商文化在关中平原的东缘一带曾延续了很长时间，只是到老牛坡商文化第四期即商

▲ 2003 年，在台湾逢甲大学讲授青铜器鉴赏课

代晚期后段，商文化才最终丢失了西部最后的屏障，导致先周文化的大举东进和商王朝的灭亡。

商文化向南方的推进是分为多条路线进行的。

位于商王朝早期都城“郑亳”之南的湖北武汉黄陂盘龙城，是二里岗时期由商人南下建立的军事据点发展而成的一座早商城邑，在这里虽可看到当地土著文化的因素和先至此地的二里头文化遗留的踪影，但商文化占有绝对优势。位于早期商都西南方向的湖北江陵荆南寺遗址与盘龙城遗址不同，荆南寺遗址呈现的是一种“混合”文化的面貌，商文化与来自长江峡区的以圜底绳纹缶、素面凸肩罐、尖底盏等为代表的巴蜀系文化因素不分轩轾，很难将其归入商文化范畴。而且随着时间的推移，商文化还有逐渐减少的趋势。

李伯谦进一步分析，与荆南寺遗址类似的，还有位于早商都城东南方的江苏宁镇地区的湖熟文化和江西赣江流域的吴城文化。商时期的湖熟文化可分为早、晚两期，吴城文化可分为三期五段，涵盖了商代早、中、晚各期。值得注意的是，从早期到晚期，商文化因素所占的比重同样是逐步递减的。约略至商代晚期，随着商文化因素的退缩和消失，荆南寺类型已变为基本看不到商文化因素的周梁玉桥类型。湖熟文化由商文化影响因素还算比较

▲ 2005年秋，参观陕西周公庙遗址时，与饭岛武次、罗泰、杨楠、李锋在一起

明显的早期，发展到了基本不见商文化因素的晚期。以商文化和土著文化因素共存为主要特征的吴城文化走向了自己的终结而以商文化因素占主导地位、被学术界视为商文化的一个地域类型的盘龙城商城，也退出了自己搭建的舞台。汉阳纱帽山曾有过发现晚商文化遗址的报道，但其面貌究竟如何不得其详。但是河南罗山后李“息”族墓地的发现，至少证明，商代晚期的河南南部还是商王朝控制的地域，因为息族族徽既见于后李出土铜器，也见于传世甲骨文，根据甲骨文的研究，息族和商族是存在婚媾关系的。

李伯谦特别指出，从早商到晚商，商文化与周边文化的关系一直保持进取态势而不见退缩迹象的是东方。前已指出，早商时期，商文化已向东推进到淄河、弥河流域。至商代晚期，在淄、弥河流域不仅仍可以看到较多的商代晚期遗存，而且还出现了像青州（益都）苏埠屯、寿光古城等大型邑聚。在苏埠屯发现的带4个墓道、有众多殉人、祭牲及铜器随葬的大墓，规模可比殷墟王陵。其铜器上所见“亜醜”徽铭，亦见于殷墟出土铜器。甲骨文中有“小臣醜”之名，足见该族中人曾有在商王朝任职，与商王朝中枢有着密切的关系。寿光古城村出土的商代晚期铜器中，有单铭“己”或者“己”“丛”合署者。“己”即纪，姜姓，该地应是商时己国国都所在地，与“己”合署族徽的“ 丛 ”即“并”，学者曾考证,“并”为商都西北之国族。

歷史文
周邊
殷墟時期安陽及安陽以外地
2006

▲ 2006 年 8 月，参加“殷墟时期安阳及安阳以外地区的考古发现与研究”学术研讨会

醜、己在商都之东400千米以外之地立国，并非孤例，在淄河、弥河流域以西、以南的山东境内，尚有多个地点出土带有徽铭的晚商铜器，足证商王朝对东方的重视，联系到帝乙、帝辛两代商王均曾率军征伐世居东方的人方，在此沿线和其附近发现时代相当的商文化遗存，当然就不奇怪了。

当我们看见一件青铜器锈迹如花，那是泥土的功劳，是时间的粉饰。我们揩去锈迹，隐约可见一些饰纹，但不知创作者的本意。这是从实践提炼出的美感。而这种美感和实用性，它的产生和阅历，它的历史和分类，还有它的分布，需要有人盘点和梳理，需要有人从文化上来考量，找回它的价值和意义，这个人就是李伯谦，就是他的《中国青铜文化结构体系研究》。

李伯谦从考古实证寻找，在史料中耙剔梳理，细心选择，去伪存真，去粗取精，从现象到本质，史论结合，自成一说。李伯谦迷恋青铜近4000年之悠远，他在凝固的历史时空中驻足。他置身时代，又不属于时代，既有当下的意义，又有令人静观的俊伟。李伯谦在中华文明的探寻过程中，留下了深深的印记，《中国青铜文化结构体系研究》是他的青铜情结。

李伯谦说，中国真正进入青铜时代大约是从公元前20世纪开始的，从公元前21世纪至公元前5世纪中叶，包括古代文献记载的夏、商、西周、春秋几个历史时期，1600年左右。李伯谦在二里头遗址发现青铜器，这是中原青铜；他又在江西吴城发现青铜器，这是商代的；他又在广东、香港发现了青铜器。随着中原以外各地大量青铜文化遗存的不断涌现，他认为，对之仍然不加重视，很可能要犯以点带面、以偏概全的错误。

李伯谦在《庄重典雅的商周青铜器》中说，发现的青铜器物有爵、斝、盉等酒器和鼎等炊器，鬲、方鼎、簋、盘、尊等礼器。郑州杜岭窖藏坑出土的高达1米的兽面乳丁纹铜方鼎，代表了商朝前期青铜铸造工艺的最高水平。

中国青铜器作为一种造型艺术，是当时人们思想观念的艺术再现。中国的古代青铜艺术，不仅是中国的瑰宝，同时也是世界古代文明中的一个组成部分。在历史前进的长河中，它将永远放射出独特的光彩。

晋文化尽说：
考古世界与生活世界重逢

晋文化，从历史空白处浮现。

打通和接引。

最辛苦的是考古学家实证历史。

晋侯墓地的九位晋侯，对应着《史记·晋世家》的晋侯世家。

李伯谦关于晋文化研究的十数万文字，以写实感的文字复活了晋历史文化的场景，引领我们回顾原本不清的那段中国历史。

李伯谦的学术生命是强大的，他对中国考古的重要贡献之一，是他对晋文化的研究。

李伯谦说，晋国是东周时期中原地区的头等强国，晋文化是当时中原地区具有代表性的文化。自从20世纪50年代后期侯马遗址开始发掘以来，特别是经过学者的研究，确定其为晋国最后一个国都新田以后，晋文化的研究成了大家关注的课题。

我们所讲的“晋文化”不是一般意义上的晋文化，而是指作为考古学文化的晋文化。这就要求我们进行研究时，必须运用考古学的研究方法。一提到考古学研究方法，大家自然会联想到地层学和器物类型学，这当然是正确的。进行田野发掘，如果不能正确运用地层学方法科学地划分文化层次，就无法确定遗迹、遗物的共存关系及其相对年代；进行室内整理，如果不能正确运用类型学方法，就无法确定遗物乃至遗迹之间的内在联系。编写的发掘报告、写出的论文就会杂乱无章，甚至错漏百出，得不出科学

▲ 1979 年，带学生到天马—曲村遗址实习，师生与山西侯马考古工作站的老师们合影（前排中为李伯谦）

的结论。地层学与类型学是近代考古学的基本方法，没有这两个基本方法，近代考古学也就不存在了。但是，考古学像其他学科一样，也是要不断发展的。在现有基础上，如何使考古研究进一步深入提高？如何通过考古学研究推导出历史学的结论？李伯谦觉得，一个重要方面，是要在不断完善地层学和类型学方法的同时，自觉地将文化因素分析方法运用于考古文化内涵的研究。

李伯谦关于晋文化研究是跨越心坎、渐入佳境的。在他的《文明探源与三代考古论集》（文物出版社 2011 年版）一书中，收入了《文明起源与形成研究》《夏商周考古研究》《晋文化研究》三大系列 58 篇论著，其中晋文化研究占 14 篇，近四分之一，足见其分量。前两个课题是关于中华文明起源、中华文明的根，而晋文化研究具有地域性。但是，当你读完晋文化十四论，便会油然升起一个想法：虽然书中论著排名有先后，篇数有多少，但作为“文明探源与三代考古论集”这一宏大主题，晋文化是不可或缺的，它讲的是三代考古。

雪花——可以看见须臾，又可看到永恒。成功虽然也需要风云际会，更重要的是，当机会来临时，自身早已做好准备。

李伯谦说，对晋文化专题研究，始于 20 世纪 60 年代初的对山西侯马晋国遗址的发掘，和其作为晋国最后一个都城新田遗址的确定，这拉开了探索晋国历史的序幕。

1979 年、1980 年、1984 年，李伯谦是发掘工作的参加者；1992—2001 年年初，他是晋侯墓地发掘的领队。其《晋侯墓地发掘与研究》作为提交在上海博物馆举行的“晋侯墓地出土青铜器国际学术研讨会”的论文，较全面地介绍了晋侯墓地的发掘经过，和对墓葬年代、墓葬性质、墓位安排、墓主人与《史记·晋世家》的对应关系以及器用制度等关键问题的看法，其他各篇则是对具体问题的讨论。

李伯谦对晋侯墓地的基本认识如下：

第一，晋侯墓地是父子相继、从晋国第二代国君晋侯燮父至第十代晋文侯仇 9 位国君及夫人的专用墓地；

第二，晋侯墓地的时代跨度是从西周早中期之际到春秋早期，约为昭王末年至平王时期；

第三，晋侯墓地的墓位安排不存在所谓的昭穆制度；

第四，晋侯墓地祭祀坑的发现，证明晋侯墓地存在墓祭现象；

第五，晋侯墓地没有发现类似于后代所见的墓上建筑一类遗存；

第六，晋侯墓随葬5鼎4簋（或6簋），夫人墓随葬3鼎2簋（或4簋），符合文献所载晋为甸服偏侯的身份，表明诸侯国君爵等不同器用制度亦有别；

第七，M114出土青铜方鼎铭文中的叔夨，应即成王之弟晋国始封君叔虞，该方鼎是叔虞铜器的首次发现；

第八，M64、M62、M63组和M93、M102组出土了体型小、器壁薄、花纹简单、制作粗糙且不具备使用价值的鼎、簋、卣、觚、爵等仿西周早期铜明器群，这表明，西周晚期开始出现了复古思潮；

第九，M63晋穆侯夫人墓的用玉状况，反映了西周晚期用玉观念开始发生变化，部分丧葬礼仪用玉开始向玩好转化；

第十，䚄公簋的发现，证明天马—曲村遗址是燮父所徙都，文献记载的“叔虞封唐”之唐不在此地，应另行寻找。

学术研究的压力绝对存在，世上辛苦的事说不尽，但最辛苦的莫过于考古学家考证历史。李伯谦《文明探源与三代考古论集》的前言中提到晋文化时，说自己心里常想的是，晋侯墓地发掘报告没有写完。磨砺内心，这是一种痛苦吗？李伯谦发现了研究晋文化的意义，而在发现其意义的时候，痛苦就不成为痛苦了。他在用心地读写生命大地。“我志在删述，垂辉映千春。”李白的诗句送给李伯谦。

《晋侯墓地发掘与研究》关于墓葬的年代，已被《夏商周断代工程1996—2000年阶段成果报告》（简本）采用。

晋侯墓地是《考古》杂志评选出的“中国20世纪100项考古大发现”之一，它的发现对于西周晋文化和晋国史研究具有重要意义。

李伯谦说，历次发掘所发表的简报中，对所报道的各组晋侯及夫人墓的年代皆有提及。1994年，刘绪、罗新发表论文《天马—曲村遗址晋侯墓地及相关问题》。1998年，徐天进提交北京大学汉学研究国际会议的论文《西周至春秋初年晋国墓葬的编年研究》曾有系统的论述。李伯谦在该次会议上提交的论文《晋侯墓地墓主之再研究》，特地选出已发表的晋侯及夫人墓中出土的铜壶、附耳铜鼎和陶鬲，并进行了形制分析，排出了其演化序列，且与已知年代的其他墓葬出土或传世的同类器物进行对比，所得结论与第五次发掘简报和刘文、徐文的论断基本一致，这一成果已被《夏商周断代工程

▲ 1984 年 9 月，和刘绪、张辛老师一起，带领 1982 级考古班、1981 级考古班部分同学，到山西天马—曲村遗址实习，开工前留影（二排左五为李伯谦）

1996—2000 年阶段成果报告》（简本）采用，成为确定西周列王年代的重要标尺之一。

夏商周断代工程“西周列王年代研究”课题所属“晋侯墓地分期与年代测定”专题，对晋侯墓地采集到的可供测年样品进行了加速器质谱计（AMS）碳十四年代测定，拟合后的日历年代是：

M9 人骨	公元前 935—前 855 年
M13 人骨	公元前 930—前 885 年
M33 陪葬墓 M108 人骨	公元前 880—前 831 年
M8 木炭	公元前 814—前 796 年
M8 之祭祀坑 M11 祭牲	公元前 810—前 794 年
M31 陪葬墓 M39 人骨	公元前 814—前 797 年
M64 人骨	公元前 804—前 789 年
M64 之祭祀坑 M87 祭牲	公元前 800—前 785 年
M64 木炭	公元前 800—前 784 年
M93 祭祀坑祭牲	公元前 789—前 768 年

2000 年 M114、M113 发掘之后，对其人骨进行了测定。M114 的人骨为公元前 1000—前 925 年，M113 的人骨为公元前 1020—前 930 年，正排在 M9、M13 测年数据之前，结果与以上推定基本一致。这就是说，无论是考古分期还是碳十四年代测定，晋侯墓地的年代上限不能早于西周早期，其年代下限亦不会晚于春秋早期。

M114、M113 这组晋侯夫妇墓位于北排 M9、M13 组之南略偏西和南排 M1、M2 组之北略偏西，与其西面的 M91、M92 组东西相望。M114 和 M113 亦为并穴合葬，方向与其他组墓基本一致。M114 为晋侯墓居西，M113 为夫人墓居东，男右女左的安排与 M9、M13 组相同而有别于其他各组。两座墓的墓室之南亦均有墓道，墓道宽短、墓室长度与墓道长度之比，略大于 M9、M13 组墓及其他各组墓，M113 墓室与墓道基本等宽的做法接近 M13。钻探发现，在 M9、M13 组和 M114 组墓之东略偏北各有一座车马坑，二者均为南北向，与其他组墓车马坑皆东西向有明显不同。M114 被盗，棺内已劫掠一空。经清理，在棺、椁之间的东北部和西北部，尚余有方鼎、簋、甗、尊、卣、盘、爵、鸟形尊、兵器、车马器等青铜器，二层台上放置陶鬲、罐各 1 件，铜器惜多因盗墓爆破而震碎。椁外西部和西北部二层台上置有拆开的车舆及车轮，共 3 辆车子，此外东部亦有 1 车。M113 保存完好，随葬有玉器、铜器、陶器等。青铜器有圆鼎、方鼎、甗、簋、尊、卣、卵形瓮、猪形尊等，陶器有鬲、罐、豆、壶、盉等，椁上亦殉车1辆。两墓出土青铜器及陶器的整体风格十分接近M9、M13出土者，而与M1、M2劫余的铜器、陶器风格相去较远。

若拿M114和M113相比，则前者要略早于后者。青铜器上铭文多为锈所掩，难以辨识，目前所能见到M114出土铜簋铭文有“晋侯作旅”，M113出土猪形尊铭文有“晋侯作旅”。晋侯器不署晋侯名字的习惯，与M9、M13相类，而不同于其他组墓葬晋侯器均署晋侯之名的行文格式。虽然由于时间和条件限制，还不能从各方面进行细致排比，但由以上的初步比较已不难看出，M114、M113组更接近M9、M13组，两者年代应相差不远。至于这两组墓的相对年代孰前孰后，则一时很难判断。若从整个墓地各组墓排列规律来看，将M114、M113组排在M9、M13组之后，M6和M7组之前似乎比较合适。但若拿M114、M113的墓室及墓道形制与M9、M13及其他各组相比，则M9、M13组更接近M6、M7及以下各组，二者有明显区别。从这一点分析，M114、M113组似乎早于M9、M13组。M114除出土一件瓦纹簋，时代可能略晚，其他青铜器如方鼎、圆鼎、簋、甗、爵等的造型和花样均有较浓的西周早期作风，这似乎可从另一个侧面支持将M114、M113组排在M9、M13组之前。

关于晋侯墓地，李伯谦总结，如果将新发掘的M114、M113组排在M9、M13组之前，那么，我们原来对包括M9、M13组在内的晋侯墓地8组晋侯及夫人墓排序及晋侯墓墓主的推定便不需要做什么改动。他说，我对M9出土圆鼎铭文“晋侯作晋公宗室宝尊彝”的解释也看不出有什么不妥，M9、M13组仍应是晋国第三代国君晋武侯宁族及夫人之墓。而按照该墓地父子相继安排墓位的规律，早于M9、M13组的M114、M113则只能是晋国第二代国君晋侯燮父及夫人之墓，M114、M113两墓出土的青铜器铭文中的“晋侯”，便应是始称“晋侯”的燮父。但是，今后如有新材料发现或经过深入研究，认为M9、M13早于M114、M113，那么，M9、M13应该是晋侯墓地9组晋侯及夫人墓排序中的第一组，M114、M113组便应是晋武侯宁族及夫人之墓，而M9、M13组自然就是晋侯燮父夫妇之墓。这样一来，原来对M9出土圆鼎“晋侯作晋公宗室宝尊彝”铭文的解释，便不得不重新考虑了。

2001年6月，北京大学震旦古代文明研究中心《古代文明研究通讯》

上海

▲ 2002年8月1日，在上海博物馆参加“晋侯墓地出土青铜器国际学术研讨会”

总第九期，发表了李伯谦的《晋侯墓地墓主推定之再思》。后收入《揖芬集——张政烺先生九十华诞纪念文集》（社会科学文献出版社 2002 年版）。

位于山西省曲沃县北赵村南的晋侯墓地，无疑是 20 世纪西周考古最重要的发现之一。从 1992 年至 1994 年共进行了 5 次发掘，发现 8 组 17 座晋侯及其夫人墓。发掘简报在《文物》刊布以来，围绕晋侯墓地的相关问题展开了热烈讨论。据初步统计，迄今已发表有关论著近 80 篇，对各组墓葬墓主的推定也已有十多种不同的意见。1997 年，李伯谦在《从晋侯墓地看西周公墓墓地制度的几个问题》一文中，表示赞同第五次发掘简报对各墓墓主的推定。后来又针对学术界的一些不同看法，在北京大学百年校庆汉学研究国际会议上发表了《晋侯墓地墓主之再研究》，对有争议的若干问题进行了重新论证。李伯谦重申了原有的结论，即：

M9、M13 组为晋武侯宁族（曼期、曼旗）及夫人

M6、M7 组为晋成侯服人及夫人

M33、M32 组为晋厉侯福（辐）及夫人

M91、M92 组为晋靖侯宜臼及夫人

M1、M2 组为晋釐侯司徒及夫人

M8、M31 组为晋献侯籍（苏）及夫人

M64、M62、M63 组为晋穆侯费王（弗生、沸王）及夫人

M93、M102 组为晋文侯仇及夫人

对于上述论断，李伯谦曾自认为根据还算充分。然而，就在他的《晋侯墓地墓主之再研究》一文刚刚发表不久，2000 年 9 月初，便从山西曲沃传来了又有一座晋侯墓被盗的消息，经县博物馆初步钻探，在晋侯墓东侧尚有一座与其并穴合葬的晋侯夫人墓。这突如其来的消息犹如当头一棒。李伯谦作为晋侯墓地发掘队的领队难辞其咎。令他忐忑不安的还有，国家“九五”重大科研课题“夏商周断代工程”曾将“晋侯墓地分期与年代测定”列为西周年代学研究课题的专题之一，并在采用他们关于晋侯墓地排序和墓主推定结论的基础上，依据对含碳样品的测定，建立了晋侯墓地碳十四年代框架，这成为西周考古分期和碳十四年代框架的主要支柱。现在又发现一组晋侯及夫人墓，肯定会对原来晋侯墓地的排序和墓主推定产生影响，也很难说不会波及《夏商周断代工程 1996—2000 年阶段成果报告》（简本）

已发表的西周考古分期与碳十四年代框架。

问题严重，时间紧迫，经请示山西省文物局和国家文物局，在夏商周断代工程项目办公室支持下，决定立即组织抢救性发掘。从 2000 年 10 月中旬至 2001 年 1 月中旬，经过 3 个月的紧张工作，终于将编号为 M114 和 M113 的两座晋侯及夫人墓清理完毕。尽管目前资料尚在整理之中，已钻探出的其他墓和车马坑尚在发掘，但工作失误的歉疚和责任感，迫使李伯谦尽快根据新发现的材料，对原来有关墓葬排序和墓主推定的结论予以重新检讨，以期改正已有的错误，消除造成的影响。

M9 出土小圆鼎铭文锈蚀严重，难以通读，其大意为晋侯随周王出省（视察）受赏而做器，铭末有晋侯“作晋公宗室宝尊彝”之语。李伯谦在《晋侯墓地墓主之再研究》一文中认为，晋国始封君叔虞时，还没有“晋”之称号，至其子燮父徙居晋水旁，始将国号“唐”改为“晋”，春秋铜器晋公盫称叔

▲ 2004 年 9 月，“北京大学考古系 1982 级同学山西曲村考古实习 20 周年纪念会”在曲村考古工作站举行，特此立碑，以志纪念。碑名“走向田野”是张辛老师手笔，碑文是该班同学王连葵所撰

虞为“唐公”不称“晋公”，而燮父在世时，又不能有晋公宗室（宗庙），故“作晋公宗室宝尊彝”的晋侯，只能是燮父之后的第三代晋侯，即武侯宁族，出此鼎的 M9 应是晋武侯宁族之墓。

M114、M113 这组晋侯及夫人墓的发现，提出了许多新的需要研究的问题，其在整个墓地排序中的位置和墓主是谁，当然是最重要的问题之一。目前，铜器修复等资料整理工作正在进行，出土的人骨和椁木正在进行碳十四年代测定，以上分析只是初步讨论，并非最终结论。但可以肯定的是，无论是 M114、M113 组排在最前，还是 M9、M13 组排在最前，整个墓地的排序都不会有大的改变。碳十四年代测定结果，会补充和进一步丰富晋侯墓地和西周碳十四年代框架体系，但不可能根本动摇原来做出的晋侯墓地碳十四年代总体框架。

李伯谦在《晋侯墓地墓主推定之再思》中有一附记，附记写道：“本文写于 2001 年年初晋侯墓地 M114、M113 组晋侯夫妇墓刚刚发掘结束之时，对该组晋侯及夫人墓与 M9、M13 组晋侯及夫人墓谁早谁晚尚未做出明确判断。之后主持 M114 发掘的孙庆伟在《北京大学古代文明研究通讯》第 10 期、李学勤在《文物》2001 年第 9 期上先后撰文，均论证 M114、M113 组早于 M9、M13 组，M114、M113 组之墓主人应为晋国第二代国君晋侯燮父及夫人。本人为《2001 中国重要考古发现》书中撰写的《晋侯墓地的新发现》一文，已表示支持这一论断，并从各组晋侯及夫人墓陪葬出土器物的类型学研究角度，进一步对其先后排序作了补充论证。”

李伯谦关于晋文化研究中，有专题讨论晋侯墓地墓主人与《史记·晋世家》的对应关系。其手段是考古实证与文献互为佐证，其方法是文化因素分析法，自然，他在考古实践中，同样运用了地层学、类型学的考古方法。

晋国是西周（公元前 11 世纪中叶—前 771 年）初年为拱卫北方地区分封于今山西省境内的一个诸侯国。西汉司马迁《史记·晋世家》记载，从始封的成王之弟叔虞到两周之际的晋文侯仇，共历十世十一侯，即唐叔虞—晋侯燮父—武侯宁族—成侯服人—厉侯福—靖侯宜臼—僖侯司徒—献候籍（苏）—穆侯费王—殇叔（穆侯弟）—文侯仇。

关于晋侯墓地墓主人与《史记·晋世家》对应关系，三个问题最重要。

1. 确定晋侯墓的年代范围

李伯谦认为，解决这一问题的关键，是先要确定晋侯墓地的年代范围。根据前面的分析，9组晋侯墓中，最早的M114组属于西周早期偏晚，约在昭王前后；最晚的M93组属西周晚期至春秋早期，约在幽王、平王之世。如果对我们确定的晋侯墓地的年代范围没有疑义，那么，围绕晋侯墓地9组晋侯墓墓主是何代晋侯的讨论中，主张有的墓主可能是昭侯、孝侯乃至鄂侯的意见就不能成立了。年代范围确定之后，紧接着要考虑的是9位晋侯及夫人墓在年代上是否存在间隔。根据研究，9组晋侯及夫人墓是连续发展下来的，中间并无断缺。这种前后衔联、连续发展的现象，应该正是《史记·晋世家》所记晋国世系的传承是父子相继历史事实的反映。这就是说，只要能够确定其中某一组的墓主是何代晋侯，按照父死子继的规律，其他各组墓主也就可以和《史记·晋世家》一一对应上了。晋侯墓青铜器上共见有6个晋侯的名字，分别出土于5组晋侯及夫人墓中。晋侯僰马，见于M33方壶和M91方壶、M92圆壶。晋侯喜父，见于M91一残铜器和M92铜盘。晋侯对，见于M92圆鼎和从M1、M2中盗出的圆鼎、盘等铜器。晋侯穌见于M8出土的5件青铜鼎（1件发掘出土，4件盗掘）和编钟。晋侯斨见于M8两件方壶、两件方座簋。晋侯邦父，见于M64两件青铜鼎和4件簋。6个晋侯的名字，唯一能和史籍记载对应上的只有晋侯穌，穌即苏，《史记·晋世家》载，晋献侯名籍，索隐云"《系本》（即《世本》）及谯周皆作'苏'"。晋侯穌铭文仅见于M8，且铸于最能代表墓主人身份地位的鼎和钟上，故M8必为晋献侯之墓。M8为晋献侯之墓的确定，为推定其他各组墓的墓主找到了一个基点，由此出发，依次推排。从早到晚，M114为晋侯燮父之墓，M9为武侯宁族之墓，M6为成侯服人之墓，M33为厉侯福之墓，M91为靖侯宜臼之墓，M1为晋釐侯司徒之墓，M64为晋穆侯费王之墓，继穆侯的殇叔乃篡位而立，又死于兵刃，按周礼不得入兆域，故M93为晋文侯仇之墓。

这一推定结果是否符合实际，能否经得起检验，M91、M92晋侯喜父器的出土，作了很好的回答。晋侯喜父盘出于夫人墓M92，铭曰"晋侯喜父作宝盘，其子子孙孙万年永宝用"。另一残器出于晋侯墓M91，铭曰"唯五月初吉庚寅，晋侯喜父作朕文考剌侯宝口，子子孙孙其永宝用"。两件晋侯喜父器均出于M91、M92组，M91、M92应是晋侯喜父及夫人之墓。而晋侯喜父又称其文考为剌侯，剌通厉，剌侯即厉侯，则晋侯喜父必是靖侯宜臼，M91、M92应是晋靖侯和夫人的并穴合葬墓。由铜器铭文确定的结果和按照父子相继规律，

▲ 2010 年参加“晋学研讨会”时，与《晋国通史》作者李尚师合影于曲沃晋侯墓地

从 M8 晋献侯为基点上推，结果完全一致。从而证明，晋侯墓地 9 位晋侯从早至晚确为父子相继关系，最早一位晋侯确为晋侯燮父，最晚一位晋侯确为晋文侯仇，9 组晋侯墓确为从晋侯燮父至文侯仇的 9 位晋侯及夫人之墓。

至于 M8 铜器铭文中的“晋侯断”，按照以上的推排，自然已无他的位置，因此李伯谦认为，迄今仍以裘锡圭先生主张的为同一晋侯即晋献侯的一名一字的解释最为合理。

2. 逨盘刻有先祖辅佐周王的事迹

李伯谦说，晋侯墓地 9 位晋侯与《史记・晋世家》可以完全对应。最有力的旁证，是杨家村窖藏出土青铜器中的逨盘。逨盘为宣王时期的标准器，铭文长达 372 字，其字数之多仅次于毛公鼎，内容乃追述自己的先祖世代辅佐周王的事迹，其对应关系是：

文王、武王—成王—康王—昭王—穆王—共王、懿王—孝王、夷王—厉王—宣王

单公—公叔—新室仲—慧仲盠父—零伯—懿仲—龚叔—逨。

单氏家族从单公到逨共 8 世，对应从文王到宣王共 11 世，比《晋世家》从唐叔至文侯共 10 世对应周王室从成王到平王共 11 世还少两世。由此可见，怀疑《史记・晋世家》对晋国世系的记载有缺漏是不能成立的。

当然，晋侯墓地 9 位侯墓墓主能够与《史记・晋世家》对应的结论的得出，仅仅说明《史记・晋世家》关于晋国世系的记载是可信的，晋

侯墓地发现的9位侯墓的墓主应该就是《史记·晋世家》所记晋国世系当中的9位晋侯。至于哪一座侯墓与《晋世家》中的哪一位晋侯相对应，则是另一个问题。

3. 樊马盘铭文

李伯谦先说了一个背景：

大家知道，晋侯墓地的材料刊布以来，围绕9组晋侯及夫人墓的墓位安排、墓主人与《史记·晋世家》如何对应乃至墓地性质是有不同意见的。2002年在上海博物馆召开的“晋侯墓地出土青铜器国际学术研讨会”，是各种观点最为集中的一次发布和阐述，经过讨论和交换意见，在认识上虽有趋于一致的趋势，但分歧并未彻底解决。现在看来，当时我们所作的上述推论，虽无什么错误，但毕竟证据过少，难以令人信服。实际上，当时我们只有两个基点，一个基点是M8。M8出有晋侯列鼎5个（其中1个考古发掘出土，4个被盗墓贼盗出后被公安局追回）、晋侯编钟两套16枚（科学发掘2枚，14枚被盗售出境外后由上海博物馆马承源馆长购归）。晋侯名榛，即苏，《史记·晋世家》晋献侯名籍，索隐云“系本（即《世本》）及谯周皆作‘苏’”。晋侯苏仅见于M8，且铸于最能代表墓主人身份地位的鼎和编钟上，故M8必为晋献侯之墓。第二个基点是M91、M92。M91、M92为夫妇墓，M92出一盘，铭曰“晋侯喜父作宝盘，其子子孙孙万年永宝用”。M91出有一残器，铭文为“唯五月初吉庚寅，晋侯喜父作朕文考剌侯宝□，子子孙孙其永宝用”，为晋侯喜父为其文考剌侯作器。剌通厉，剌侯即厉侯。《史记·晋世家》厉侯之子为靖侯宜臼，则为其文考厉侯作器的晋侯喜父必为靖侯宜臼，晋侯喜父器仅见于M91和M92，则M91和M92必为靖侯宜臼夫妇之墓。现在，M33、M32组为晋厉侯福（辐）夫妇墓的确定，就成了我们的第三个基点。这三个基点都是和《史记·晋世家》的有关记载可以对应起来的，是确定无疑的。2006年，王炳合师傅在修M114出土铜器时，拼对复原一件甗，铭文记随王伐虎方受赏作器事，该墓发掘主持者孙庆伟著文认为，敦与燮为反意互训，敦为名，燮父为字，器仅出于M114，则M114即应为晋侯燮父之墓。对此很可能还有不同看法，但我认为，它和M64所出“晋侯邦父”器中之“晋侯邦父”为晋穆侯费王，M1、M2所出“晋侯对”器中之“晋侯对”为晋僖侯司徒的推定一样，尽管不像以上三者有直接的文献根据，但都有相当的说服力。如果将它们联系起来，并和根据考古学研究作出的排序一起作综合研究，那么，晋侯墓地9组晋侯及夫人墓为自晋国第二代晋侯燮父至第十代晋文侯仇父子相继的9位晋侯夫妇专用的墓地的认识，就不再仅仅是推定，而是有真凭实据的科学结论了。

关于叔虞封唐后的爵称，李伯谦认为，依《史记·晋世家》所记："唐有乱，周公诛灭唐。"成王"于是遂封叔虞于唐。唐在河汾之东，方百里，故曰唐叔虞。……唐叔子燮是为晋侯"。似乎唐叔虞封唐后并无爵称，至其子燮父始有晋侯称谓。依郑玄《诗谱·唐谱》："成王封弟叔虞于尧之故墟曰唐侯，南有晋水，至子燮改为晋侯。"则叔虞封唐后有唐侯之称，其子燮虽改国号曰"晋"，但仍袭其父爵称，称为晋侯。依晋公盫铭文"我皇组唐公左右武王"，则叔虞又有"唐公"之称。然而根据觋公簋铭文"王命唐伯侯于晋"，叔虞之子燮父"侯于晋"之前，称"唐伯"。李学勤先生主张"唐伯"之伯是伯、仲、叔、季长幼排序之伯，李伯谦则认为，其为爵称的可能性很大。如是，燮父"侯于晋"之前称唐伯，则其父叔虞封唐后亦应称唐伯。排行不靠前而被封后称伯的，尚有周公之庶子封于柞地后称柞伯的例子。

关于爵称与尊称，李伯谦说，无论是《史记·晋世家》主张的叔虞封唐后只称"唐叔虞"，并无爵称，还是郑玄《诗谱·唐谱》主张的叔虞封唐后的爵称为侯，称为"唐侯"，都与事实不符，均为误记。至于晋公铭文称叔虞为"唐公"，只是叔虞后人对其前辈祖先的尊称而已。晋侯墓地M9晋武侯墓所出圆鼎铭文为"晋侯作晋公宗室宝尊彝"，文中之"晋公"，无论是指叔虞还是指晋侯燮父，都是类似的对其已逝的父祖的尊称。

我将李伯谦的晋文化研究梳理分类，称作"十四论"，排序如下：

《晋侯墓地发掘与研究》

《眉县杨家村出土青铜器与晋侯墓地若干问题的研究》

《晋侯墓地墓主推定之再思》

《晋侯墓地墓主之再研究》

《僰马盘铭文与晋侯墓地排序》

《觋公簋与晋国早期历史若干问题的再认识》

《晋侯苏钟的年代问题》

《晋穆侯夫人随葬玉器反映的西周后期用玉观念的变化》

《从长时段着眼的晋系墓葬研究》

《关于有铭晋侯铜人的讨论》

《叔夨方鼎铭文考释》

《从晋侯墓地看西周公墓墓地制度的几个问题》

《也谈杨姞壶铭文的释读》

《晋伯卣及其相关问题》

夏商周断代：国家工程，民族功德

中华民族的坐标。

“夏商周断代工程”，首席科学家和200余位多学科专家共同努力。

生命与智慧的附丽，热血之人不朽的浓情文章。

成就了一个国家大工程。

《夏商周年表》更接近真实。

经典永远鲜活。

唐代史学家刘知几说：“史之为务，其利甚博，乃生人之急务，为国家之要是。”毛泽东说过，学习我们的历史遗产，用马克思主义的方法给予批判的总结，是我们学习的另一任务。我们这个民族有数千年历史，有它的特点，有它的许多珍贵品质，对于这些，我们还是小学生。今天的中国是历史上的中国的一个发展；我们是马克思主义的历史主义者，我们不应当割断历史。从孔夫子到孙中山，我们应当给个总结，承继这一份珍贵的遗产。这对于指导当前的伟大运动，是有重要帮助的。

自改革开放以来，中国以现代文明大国崛起于世界东方，令世界瞩目。一个大国仅有经济、财富而没有国家文化的自觉与定位，势必影响国家的整体形象。“夏商周断代工程”是国家文化形象，它是国家价值观的体现。国家的价值观，是一个国家漫长历史过程中积累的具有群体认同的价值信仰。国家价值观凝聚着民族的精神原型。“夏商周断代工程”始于1996年，取得阶段性成果是2000年，它是一项浩大的文化工程，是中华民族的坐标，它使中国真正屹立于世界民族之林。

▲ 1999年9月30日，“夏商周断代工程”的四位首席科学家合影（从左至右是席泽宗、李伯谦、李学勤、仇士华）

20世纪90年代初，中国的一位领导人出访埃及，埃及有关部门向中国领导人介绍埃及历史。古埃及历史时间划分得非常清晰，甚至精确到年、月、日。回国后，这位国家领导人立即召开会议，立项“夏商周断代工程”，作为“九五”国家重大科技攻关项目。由著名历史学家李学勤任项目组组长，碳十四测年专家仇士华、天文学家席泽宗、考古学家李伯谦为副组长。李老师是考古总负责人，1996年5月，项目正式启动。

2000年9月，《人民日报》头版头条发表“夏商周断代工程”的长篇报道和夏商周年表。参与这项攻关项目的有国内各学科200多位专家、学者，其中的83位顶级专家中，郑州籍的有两位，一位是发现郑州商城的安金槐，另一位是“夏商周断代工程”首席科学家李伯谦。

1956年，美国的一个代表团来访，问毛泽东主席，中国的历史从哪个朝代算起，毛主席将问题推给周总理，周总理说，有文字记载应当从商代算起。很长一段时间，国外学者公认的中国的历史年代只能上推到西周晚期的共和元年——公元前841年，这与中华文明悠久的历史相差甚远。

国外学术著作对中国历史始于何年，集中到一个观点：中国历史的可靠年代始于公元前841年，即周厉王出逃、“共和行政”之年。从这个纪年算到2016年，中国的历史也只有2857年，不到3000年。

启动于1996年的“夏商周断代工程”，目的是探寻尧舜禹，断代夏商周，为公元前841年以前的中国历史建立了1200年的三朝年代框架。夏商周年代学的研究，不仅解决了我国历史纪年中长期未定的疑难问题，更是探索中华文明起源，揭示5000年文明史起承转合的发展脉络，给后人留下一部完整的中华文明编年史。

“夏商周断代工程”再次向全世界证明，中华文明是举世公认的具有独立起源的文明之一，又是世界上唯一没有中断、传承至今的文明。

“夏商周断代工程”定位夏代年表是从公元前2070年至公元前1600年。夏代是中华文明的源头，自夏代起有了国家建制。李伯谦进入“夏商周断代工程”，他走进历史，不再是观者。他与200多位学者一起，与“工程”荣辱饥寒，生死存亡，息息相关，肝胆相照。

2000年我动了写李伯谦的念头。十年之后，为了做案头准备，我对李伯谦进行了专访。2010年郑州“中华之源与嵩山文明研究会”（下文简称“研究会”）成立，李老师被聘为顾问、学术部主任。5月22日晚，在李伯谦下榻的嵩山饭店，我采访了他。时间短，谈了两个话题，一是关于“夏商周断代工程”，将中华上下五千年的框架厘清了。第二个话题是关于嵩山文明。李伯谦语气坚定地说：“我们常讲嵩山是天地之中，这是很早以前就形成的观念。嵩山文化也好，嵩山文明也好，都是在自己发展和不断吸收周边地区先进文明因素的基础上发展起来的。现在成立了嵩山文明研究会，也应该是一个开放的合作的运作机制，这样才能够使研究会不断地取得新成果。”

2012年，在“研究会”的一次学术研讨会上，博士局长任伟说让我写李伯谦，我在会上说与李老师，他不语。

2014年10月，我向任伟局长再次申明想写李伯谦。他明确说，写李老师，重点要写他在考古学方面的建树，重在他的学术观点。我回答，我写的不是人物传记，我要用文学手法来解读李伯谦其人和学术建树。

2015年11月2日，我将《读写生命大地——记20世纪著名科学家李伯谦》送给任伟局长看，任局长翻着书稿说，你把文学和史学结合起来了。我说：“写法是跨界。我写李教师突出他的学术成果和道德情操，采用文学手法，白话叙述，夹叙夹议。我追求古人文章的气象、光明、俊伟，以白为常，用典点缀。”

李伯谦老师尊重我的写法，我很欣喜，这是一种深刻的理解。我写李伯谦，从读他的学术著作入手，在著述中认知他的理念、思想、观点以及他的为人、性格，用文学笔法，白话解读。我曾经对李老师说：“我不想采用那种跟踪式采访，在他身后听听、记记；也不想铺摆开来去访谈他的同行、朋友、学生，仅找几个人谈一下感受。”李伯谦表示赞同。

李伯谦认为，夏商周断代，重点在于探索夏文化，这是中国文明的源头。国家建制始。20世纪20年代的“疑古派”认为，夏是一个影子，禹是一条虫，是以顾颉刚为首的“冬烘先生”们茶后饭余，剔着牙，啜着茶，海阔天空的想象。20世纪50年代，中国科学院哲学社会科学部主任郭沫若也认为，夏是不存在的。可是钱穆先生说：“夏人大抵在嵩山南北。”1959年，中科院考古所在偃师二里头发掘出夏的遗址，郭老从善如流，也认同有夏的存在。在此之前，1956年，登封玉村也发现了夏的遗址（二里头文化遗存）。

1889年甲骨文的发现和1928年安阳殷墟的发掘，证实了殷商的存在。这是对《史记·殷本纪》的肯定，必然引出《史记·夏本纪》也为信史的认识。20世纪50年代，考古界提出了探索夏文化的问题。1959年夏，著名考古学家徐旭生率队在豫西进行“夏墟”调查时，发现了二里头遗址，从考古学上拉开了夏文化探索的序幕。1977年，夏鼐先生根据新的考古成果，将这类文化遗存命名为“二里头文化”。

“夏商周断代工程”列出的《夏商周年表》，有史以来第一次给予了夏代一个文化定位、时间定位，并且划出它的早、中、晚三期。我们可以肯定地说，夏是中华文明的源头。

中国古代文明的起源与形成是一个漫长的过程，对其研究，从1926年的《古史辨》出版，迄今已有90年；从1928年殷墟开始发掘，至今是88年。这些年来，重大考古发现为中国文明起源与形成的研究准备了丰富的材料。国家“九五”科技攻关重大项目——“夏商周断代工程”为这一课题的研究开了很好的头，它所开创的文理交叉、多学科联合攻关的研究路线，已成为大家的共识。

中国文明的起源与形成的研究涉及的年代范围长、地域范围广，需要历史、考古、古文字、天文、环境、科技史、现代测年等多种学科和广大科学工作者的参与。在此背景下，“夏商周断代工程”于1996年5月16日启动。“夏商周断代工程”是国家工程，有着深远的考古学基础。

李伯谦说，夏、商、周三代是中国古文明进程中一个极其重要的阶段，有关夏、商、周三代年代的研究，一直是古史年代研究的重点，先后提出过不少的三代年表，对夏、商、周时期重大事件发生之年，也做出过种种推断。然而由于研究手段的落后和研究方法的单一，在一些关键问题上，始终未能取得突破。国家“九五”科技攻关重点项目“夏商周断代工程”在前人研究成果的基础上，采取人文社会科学与自然科学相结合、多学科联合攻关的方法，经过200多位学者五年的努力，对夏商周年代研究取得了重大进展。对西周和商后期提出了比较准确的年代，对商前期和夏代建立了基本的年代框架，并依此列出新的夏商周年表。该年表的提出，必将进一步推进中国古代文明研究的深入。

关于新的夏商周年表的意义和影响，李伯谦认为，新的夏商周年表是多学科协作研究成果的结晶。考古学作为“夏商周断代工程”的参与学科，根据有关夏商周时期一系列重要考古发现和研究成果建立的夏商周考古分期标尺，以及通过碳十四测定数据而建立的夏商周碳十四年代框架，是新的夏商周年表得以提出的基础，是重要的科学依据之一，这是以往任何三代年表都缺乏的。

新的发掘填补了夏商周文化谱系中的缺环。

围绕“夏商周断代工程”提出的目标，根据拟定的课题，1996 年“夏商周断代工程”启动以来，先后组织了对 17 个遗址新的发掘，这 17 个遗址是：北京房山琉璃河西周燕都遗址、山西曲沃天马—曲村晋文化遗址、陕西西安丰镐遗址、陕西周原遗址、陕西武功郑家坡遗址、陕西岐山王家嘴遗址、河南安阳殷墟遗址、河南安阳洹北花园庄遗址、河北邢台东先贤遗址、河南郑州商城遗址、河南偃师商城遗址、河南郑州小双桥遗址、河南偃师二里头遗址、陕西商州东龙山遗址、河南新密新砦遗址、河南登封王城岗遗址、河南禹县瓦店遗址。

新的发掘填补了夏商周文化谱系中的缺环。例如对琉璃河西周燕都居址的发掘，找到了西周中期的遗存，第一次将居址分为西周早、中、晚三期。对安阳花园庄、邢台东先贤的发掘，找到了商代前期晚于郑州小双桥、早于殷墟文化一期的遗存。对新砦遗址的发掘，再次确认了介于河南龙山文化晚期和二里头文化一期之间的新砦期的存在。

新的发掘发现了具有关键意义的地层叠压关系。例如沣西西周最早期的单位 T1 ④层与先周最晚期灰坑 H18 的叠压关系，直接反映了从先周到西周的转变过程，间接反映了商周之间的交替。此外，郑州商城北大街商代二里岗下层早段夯土Ⅶ与属于二里头文化的洛达庙类型晚期灰坑 H230、H231 的叠压关系，东龙山遗址商代二里岗下层文化层与二里头文化四期文化层叠压关系，则是夏商文化更迭的证据。新的发掘澄清或纠正了以往对某些遗存的性质、年代的认识。琉璃河西周燕都遗址的年代在公元前 1040—前 770 年，其最早期单位 H108 内“成周”卜甲的发现，证明与其同属一期的城垣的始建年代不会早于兴建“成周”的成王时期。偃师商城小城的发现，纠正了以往认为其城北墙是大城西墙马道的解释，并且据其与大城墙的打破关系，证明在建筑程序上小城要早于大城。

在夏代年代学框架中，夏王朝的始年是一个关键问题，它的基础就是必须对夏文化发展历程做出科学的回答。在“夏商周断代工程”实施期间，李伯谦以二里头类型是“少康中兴”之后夏文化这一论断为出发点，结合登封王城岗遗址和新密新砦遗址的新发现，明确提出了夏文化发展的三个阶段，即以王城岗大城为代表的河南龙山文化晚期遗存、以新密新砦遗址二期为代表的新砦期遗存、以偃师二里头遗址为代表的二里头文化，代表了夏文化的早、中、晚三期。其中，王城岗大城可能是史籍中“禹都阳城”

夏商前期考古年

▲ 1997 年 11 月，在偃师参加夏商周断代工程“夏、商前期考古年代学研讨会”

的阳城，新砦期遗存可能是“后羿代夏”时期的夏文化，二里头文化则可能是“少康中兴”以后直至夏桀时期的夏文化。上述论述为“夏商周断代工程”构建夏代的“基本年代框架”提供了考古学依据。

1998 年 12 月 15 日，李伯谦在全国政协教科文卫体委员会上做了“夏商周断代工程”专题演讲，题目是“夏商周断代工程考古课题的新进展”，《文物》1999 年第 3 期全文刊发。

夏是学术界公认的中国历史上第一个王朝，关于夏王朝始年，有公元前 21 世纪、公元前 22 世纪、公元前 23 世纪、公元前 20 世纪诸说。“夏商周断代工程”提出的夏代年代学的目标，是建立夏代年代学的基本框架。而建立夏代年代学基本框架的前提，是要从考古学上确认夏文化，找出夏商文化分界的界标。

学术界通过研究，在几个重大学术问题上基本取得共识：

1. 作为探讨夏文化的主要对象的偃师二里头遗址，其一期至四期均属夏文化。

2. 偃师尸乡沟商城是商汤灭夏后最早建立的商城之一，偃师尸乡沟商城小城的始建，可作为夏商分界的又一个界标。

3. 二里头文化第一期遗存可能不是最早的夏文化，作为禹启建立夏王朝之初的夏文化，应在河南嵩山南北的河南龙山文化晚期遗存中去寻找。围绕“早期夏文化研究”专题而进行的登封王城岗和禹县瓦店遗址，发掘出的资料正在整理当中，可能提供有益的线索。

关于对夏文化的探索，张立东、任飞著有《手铲释天书——与夏文化探索者的对话》（大象出版社 2001 年版），其中就有与李伯谦老师的对话。

在书中，李伯谦谈到夏文化探索的主要收获，他强调下面几个观点：

第一，夏文化探索是一个过程，是学术研究的接力赛跑，在不同时期、不同阶段都涌现出了代表当时最高水平的研究成果，而今天取得的成果，正是夏文化探索过程中各时期取得成果的积累和升华。

第二，夏文化探索取得的主要收获，是几十年来几代人共同努力的结果。在探索夏文化过程中，每一处新的发现，提出的每一种观点，即使是今天看起来不正确的观点，都对形成今天的研究成果发挥了自己应有的作用。

第三，夏文化探索涉及考古学、历史学、测年技术科学等不同学科，夏文化探索取得的主要收获，是考古学和其他相关学科研究成果的综合。

依据以上三点认识，总结 20 世纪夏文化探索的主要收获，李伯谦认为，至少可以归纳为 8 个方面：

1. 通过对文献记载的与夏有关的材料的梳理、考证，确认夏族活动的中心地区在豫西和晋南，为从考古学上探索夏文化指明了空间范围。

2. 中原地区仰韶文化—河南龙山文化（王湾三期文化）—二里头文化—二里岗早期商文化考古学文化发展序列的确立，缩小了探索夏文化的时间范围，河南龙山文化（王湾三期文化）和二里头文化成为探索夏文化的主要对象。

3. 依据大量的地层叠压关系和丰富的遗迹、遗物，将二里头文化分为连续发展的四期，确认二里头文化一期、二期、三期、四期均属夏文化。

4. 根据豫西和晋南地区二里头文化遗存的差异，将二里头文化分为豫西以偃师二里头遗址为代表、晋南以夏县东下冯遗址为代表的二里头类型和东下冯类型。

5. 郑州商城、偃师商城的相继发现，以及二者基本同时且均为早商都邑的确认，为夏商文化的分界找到了界标。

6. 对二里头文化各期遗存含炭样品的碳十四测定表明，二里头文化一期至四期的年代为公元前 1900 年左右至前 1600 年左右，基本落在据文献推算的夏纪年范围之内。

7. 碳十四测定的二里头文化一期至四期，总积年少于文献记载的夏积年 100 多年，也明显少于文献记载夏有十四世十七王应有的总积年（以通常一世 25 年至 30 年计），二里头文化一期并不是最早的夏文化，早期夏文化应在嵩山南北的河南龙山文化晚期遗存中去寻找。

8. 通过对二里头遗址规模、地望和出土青铜器、宫殿基址等的研究证实，二里头文化是青铜文化，二里头文化时期已进入文明社会，建立了国家，二里头遗址是夏桀的都城遗址。

李伯谦在对话中强调，半个多世纪的努力，几代人的辛劳，取得了丰硕的成果，这足以告慰已逝的夏文化探索的先行者，更值得现在仍在为探索夏文化奋斗的各位学人骄傲。但学无止境，围绕夏文化，需要继续探究的问题还有很多。

李伯谦认为，目前亟待解决的问题是早期夏文化问题。这个问题不能取得共识，夏代年代学的基本框架便难以建立。夏代年代学的基本框架立不起来，必将影响对早于夏代的史籍称之为“五帝时代”的文明发展程度乃至文明起源的探索。当然，其他诸如夏代其他都邑的地望、夏文化与邻境其他考古学文化的关系、夏文化的来源、夏文化的类型、夏文化反映的夏代的礼制、夏文化反映的夏代国家形态、夏代的文字、夏族居民的体质特征等，都需要继续深入研究。

1964 年，密县文化馆馆长魏善臣调查发现了新密新砦遗址。1979 年，中国科学院考古研究所的赵芝荃首次试掘，认为该遗址有早于二里头文化一期、晚于河南龙山文化晚期的过渡性遗存，并提出了“二里头文化新砦期”的命名。1996 年，“夏商周断代工程”启动，河南龙山文化只列了登封王城岗和禹县两处遗址进行发掘，新密新砦未列其中。

1999 年，北京大学震旦古代文明研究中心和郑州市文物考古院联合对新砦遗址作了发掘，证实赵芝荃“新砦期”遗存的确存在，从而将其列入“夏商周断代工程”新增课题。对新密新砦遗址发掘所获得的资料和初步认识，填补了河南龙山文化与二里头文化之间的缺环，拓展了夏文化研究的领域。

北京大学震旦古代文明研究中心、郑州市文物考古研究院编写的《新密新砦——1999—2000 年田野考古发掘报告》（文物出版社 2008 年版），李伯谦为其写了前言《新砦遗址发掘与夏文化三个发展阶段的提出》。前言写道：

1999 年 9 月开始的对新密新砦遗址的发掘，是 1999 年 5 月 28 日北京大学震旦古代文明研究中心成立时设立的“新密新砦遗址的分期与年代研究”课题的工作内容，目的是探索早期夏文化，为“夏商周断代工程”拟定夏代年代学基本框架提供支撑，并为行将开展的中华文明探源工程积累资料。发掘工作由北京大学考古文博学院和郑州市文物考古研究所联合组成的考古队承担，以“夏商周断代工程”名义招收的博士后研究人员赵青春为骨干力量，参与了从发掘、整理到编写报告的全过程。

1964 年，当时的县文化馆馆长魏善臣先生调查发现了新密新砦遗址。1979 年，中国科学院（现中国社会科学院）考古研究所赵芝荃先生首次进行试掘，认为该遗址有早于二里头文化一期、晚于河南龙山文化晚期的过渡性遗存，并提出了“二里头文化新砦期”的命名。惜因当时试掘面积过小，出土材料有限，“新砦期”是否真的存在，长期未得到确认。

1996 年，国家“九五”重大科技攻关项目“夏商周断代工程”启动。当时为慎重起见，在“夏代年代学的研究”课题所列“早期夏文化研究”专题中，只列了登封王城岗和禹县瓦店两处遗址的发掘，新密新砦未列其中。1999 年底新砦遗址第一期发掘结束，证实赵芝荃先生提出的“新砦期”遗存的确存在。因此，还是将“新砦遗址的分期与研究”列为“夏商周断代工程”新增补的一个课题，2000 年上半年，对新密新砦遗址的继续发掘遂成为课题组的中心任务。现在，摆在大家面前的这部报告，即是 1999—2000 年北京大学古代文明研究中心和郑州市文物考古研究所对新密新砦遗址发掘所获得的资料和初步认识。也许在某些方面学术界还会有不同的看法，但它填补了河南龙山文化与二里头文化之间的缺环，拓展了夏文化研究的领域，则是不争的事实。

在商代年代学研究中，郑州商城与偃师商城或可作为夏商分界的界标，这是学术界最为瞩目的焦点。李伯谦在全面梳理郑州商城历年发掘材料的基础上，综合“夏商周断代工程”实施期间新获资料，撰写了《对郑州商城的再认识》（原载《古代文明研究通讯》2004 年 12 月总第 23 期，后收入《古都郑州》2005 年第 4 期），辨认出郑州商城内相当于成汤灭夏前后的多组遗存，从而为论证郑州商城为分界的界标之一奠定了基础。

城址年代的确定，是正确判断其为何王朝的前提。郑州商城发现后，先后出现了安金槐先生的“隞都”说，邹衡先生的“亳都”说，这两种看法长期以来争论不决，成为商代考古的一大难题。“安邹之争”到现在也没停息。1983 年偃师商城的发现，成为推定郑州商城年代和性质的重要参照系。

1998 年 9 月至 1999 年 5 月，为配合“夏商周断代工程”，在郑州市管城区北下街发掘的 6 号、10 号、12 号、14 号基址，被定为二里岗下层一期。不仅内城如此，外郭城的发掘资料同样可以证明这一判断是正确的。

李伯谦说：“郑州二里岗下层一期属于早商文化，不是先商文化，郑州商城的内城，外郭城始建于灭夏之后，是早商城址，不是先商城址。《夏商周断代工程 1996—2000 年阶段成果报告》（简本）将包括郑州二里岗 C1H9 典型单位在内的二里岗下层一期作为郑州商城商前期考古学文化序列的第一期，以及关于郑州商城和偃师商城基本同时或略有先后，是商代最早的两处具有都邑规模的遗址的论断，代表了大多教学者的观点，我是十分赞同的。”

在《夏商周断代工程考古课题的新进展》（《文物》1999 年第 3 期）中，李伯谦论述：“‘夏商周断代工程’对商前期年代学提出的目标，是建立比较详细的年代框架。通过对郑州商城、偃师尸乡沟商城和郑州小双桥三处具有都城规模的遗址新的发掘研究，目前已经可以判定，郑州商城、偃师尸乡沟商城两者基本同时，小双桥遗址是紧接郑州商城的衰落而兴起的。十分可喜的是，前不久在传为‘祖乙迁邢’的河北邢台东先贤遗址的调查与发掘，证实以 20 世纪 50 年代发掘的曹演庄遗址为代表的一类遗存在邢台市有较多的分布，其时代晚于小双桥遗址而早于殷墟一期。在殷墟洹水北岸花园庄一带的发掘，发现一处包含大片夯土、面积达 150 万平方米的大型遗址，其早段的面貌接近小双桥，晚段不晚于殷墟文化第一期。有学者已指出，李瑞环主席等领导同志接见"

▲ 1998 年 12 月 15 日，李瑞环等领导同志接见“夏商周断代工程”专家

其早段遗存或与‘河亶甲居相’之相有关。目前对上述遗址正进行综合研究，在排定其先后序列的基础上，再结合有关文献记载，有可能一一指认其分别为何代商王所都。如果文献记载的商前期几处都城遗址能够得到确认，那么，以此建立的商前期年代学框架就会比夏代年代学的基本框架要详细多了。”

“夏商周断代工程”对商后期年代学提出的目标，是确立比较准确的年代。这不仅是因为商后期盘庚迁殷至纣之灭、273年更不徙都的安阳殷墟，经过几十年的发掘，发现了商王的宫殿、宗庙、陵墓、手工业作坊等遗迹，而且十分重要的是，还出土了大批甲骨文和青铜器。甲骨文中有商王武丁时期的月蚀和日蚀记录，青铜器上有商王年祀的资料，天文学家经过推算，可以得出武丁等商王在位的绝对年代，但这尚需要考古课题研究成果和测年结果的验证。“夏商周断代工程”设定的“殷墟文化分期与年代测定”考古学专题，目前已将殷墟文化分为连续发展的四期，各期可与甲骨文分期以及相应的商王相对应。过去对殷墟是否含有盘庚、小辛、小乙三位商王的遗存，学术界存有分歧，殷墟洹水北岸花园庄遗址的发掘，其晚段遗存的时代较原来所分的殷墟文化一期或部分相当，很可能即是盘庚迁殷之后至武丁早期的遗存。至于第四期，根据新的研究，其中一部分墓葬和遗址的绝对年代有可能已经进入西周纪年了。

“夏商周断代工程”对西周年代学提出的目标和商后期一样，也是要确立比较准确的年代。而西周列王比较准确年代的确定，首先要依赖与武王伐纣之年即西周始年的解决。武王伐纣之年，从汉代刘歆以来，历史学家、天文学家研究者不乏其人，迄今共提出44种意见，早晚相差112年。对确立武王伐纣之年，考古学虽不能提出具体的年代，却可从考古学上找出商周分界的界标，为进一步研究奠定基础。

李伯谦的学术精神可以概括为两个字：求真。在对郑州商城的认识上，也闪烁着求真的光芒。

李伯谦说，在学术界，对于郑州是不是商城最早有争论。当时主持发掘的安金槐先生认为，它的地理位置比较接近唐代地理书《括地志》所记的商王仲丁隞都的所在，所以主张郑州商城是仲丁隞都。参加过二里岗发掘的邹衡先生最早也是倾向隞都说的。后来，他从郑州商城延续时间较长，郑州金水河出土战国“亳”字陶文，《左传》襄十一年鲁、晋、宋等国伐郑曾盟于郑地的亳城北，以及商亳邻国如葛的地望等方面，详细论证了郑州商城不可能是仅居仲丁、外壬二王的隞都，而是从汤至大（太）戊五代的商汤始建的亳都，是商朝的第一个国都所在地。当时这两种观点相持不下，难分伯仲。偃师商城发现以后，虽有学者主张偃师商城是亳都，但认同郑州商城是商汤亳都的人越来越多，郑州商城是商汤所建的第一个国都——亳都的观点应该成立了。

李老师也回忆了“夏商周断代工程”与郑州历史的确认，以及这座古城在“夏商周断代工程”中的作用。他说，郑州在“夏商周断代工程”中的作用非常重要。“夏商周断代工程”期间，曾有一个郑州商城、偃师商城基本同时或略有先后的说法，这种说法虽然是事实，但的确也回避了郑州商城（不包括后来确定的宫城）是否是灭夏前已经建成这样一个尖锐的问题。其实冷静地分析思考一下，郑州商城那么大的规模，怎么可能会在“韦、顾既伐，昆吾，夏桀”的灭夏过程中，也就是说在灭夏之前建起来呢？郑州商城既然和偃师商城基本同时，既然偃师商城是灭夏之后所建，郑州商城也应该是灭夏后所建。郑州商城是商汤亳都的确立，具有重大的学术意义，它为完善整个商文化的发展过程找到了一个起点。

“夏商周断代工程”要求对西周各王提出比较准确的年代。自1992年以来，李伯谦主持了山西曲沃天马—曲村遗址晋侯墓地的发掘，清理了从西周早期到两周之际的9组19座晋侯及晋侯夫人墓葬，这是迄今为止考古发掘的最为完整的西周诸侯墓地，被誉为20世纪最重要的西周考古发现，是构建西周年代序列的极佳材料。作为发掘领队和“夏商周断代工程”的首席科学家，李伯谦针对晋侯墓地发表了系列文章，厘清了该墓地的墓葬序列、墓主考定以及埋葬制度等关键问题，为确定西周列王年代提供了确凿的考古学依据。

李伯谦《文明探源与三代考古论集》于2011年由文物出版社出版发行。这部煌煌巨著有三大亮点。第一，他在“前言”中有一句 “为祖国健康工作五十年”的口号，本书是对这句口号的纪念。第二，在中国文明起源和形成问题上，最能代表李伯谦学术观点的是《考古视野的三皇五帝时代》《中国古代文明演进的两种模式——红山、良渚、仰韶大墓随葬玉器观察随想》《张家港市东山村崧泽文化早中期大墓的启示》和《中国古代文明演进的三个阶段》。第三，本书分三部分，共58篇，其中晋文化研究（第三部分）14篇，占全书的四分之一，属于西周考古。

“夏商周断代工程”有一专题——先周文化研究，通过对陕西武功郑家坡、岐山王家嘴等遗址的发掘，已经确认了考古学上所称的“郑家坡文化”即周灭商前的先周文化，并对先周文化进行了分期。“丰镐遗址文化分期

▲ 1999 年秋，李铁映、宋健同志与“夏商周断代工程”四位“首席”在团聚宴会上

与年代测定”专题组在西安沣西毛纺厂的发掘，发现三组先周、西周早期、西周中晚期不同时代遗存相互叠压的地层关系。

“夏商周断代工程”选择了积累经验较多、效果比较明显的碳十四测年法。碳十四测年方法可分为常规碳十四测年和加速器质谱测年（AMS）两种，常规碳十四测年在我国已有近 40 年的历史，其优点是运行比较稳定，缺点是速度慢，所需标本量大。加速器质谱测年历史较短，其优点是需用标本量很少，速度快。无论是常规碳十四测年还是加速器质谱碳十四测年，要测定历史时期的年代都需要提高其精确度。“夏商周断代工程”对基础较好的中国社会科学院考古研究所常规碳十四测年设备、北京大学考古文博院常规碳十四测年设备及北京大学技术物理系加速器质谱测年设备投入了相当大的资金予以改造，现已改造完成。从测试结果分析，精确度均比以前大大提高，达到了千分之五，以碳十四测定的年代经树轮年代校正并进一步拟合以后，即可得出接近实际的历史学年代。

以武王伐纣之年为例，以往根据文献记载和天文历算推定的年代，最早的为公元前 1130 年，最晚的是公元前 1018 年，相差 100 多年。而运用碳十四测年方法对沣西毛纺厂 H18 等单位含碳样品的系列测定，得出了武王伐纣之年为公元前 1050—前 1020 年的可能性最大，这就大大缩小了武王伐纣年代的选择范围。针对运行中出现的问题继续改进措施，有希望将精确度进一步提高。目前，各考古专题已采集可供测年的木炭、骨头等标本近千份，从珍贵的商代甲骨文中选取了200多件测年标本。通过对测定出来的年代数据的处理研究，将考古学上的相对年代转换为绝对年代，并与历史学、天文学研究成果相整合，提供一个比现行夏商周年表更科学、更精确的夏商周年表，应该说是可能的，有根据的。

2000年10月，“夏商周断代工程”的核心成果《夏商周年表》公布，在国内外和社会各界产生了强烈反响。但李伯谦并没有停下脚步，而是把眼光投向了更加深远的领域，主持起草了《关于中国古代文明研究的几点设想》，呈送当时的国家领导人，建议国家在“夏商周断代工程”的基础上进一步深入开展中国古代文明的研究。随后“中华文明探源工程预研究”获批为国家“十五”科技攻关项目，李伯谦是主持人之一。

李伯谦用“阶段性成果”来总结“夏商周断代工程”：一、“工程”由多学科参加，新的科技手段的大量运用。二、提出的40多个小课题，通过考古发掘，如新密新砦遗址的发掘等都有新的发现。三、关于夏文化演变，搞清楚了偃师二里头、登封王城岗、新密新砦三者的先后年代关系。四、确定了夏商的分界。“夏商周断代工程”提出了一个演变范围，以公元前1600年为分界。它为复原整个商文化的发展过程找到了一个起点。

关于对“夏商周断代工程”在国内国际上的反响，李伯谦概括为三条：一、一部分人认为这是政治需要，领导指定的。二、也有一部分人在学术上不认同。三、现在的夏商周年表比过去接近真实。

李伯谦说，每个学科都有自己的局限性。考古学建立的夏商周考古分期标尺，和碳十四测年与考古结合建立的夏商周碳十四年代框架，为制定夏商周历史年表提供了科学依据。但它并不等同于年表本身，它还需要同历史学、天文学等学科所属课题的研究成果相整合，才能最终制定出夏商周年表。值得高兴的是，依据历史文献学、古文字学、天文学等学科所属课题研究成果推出的“禹时”（指夏代）五星聚的最佳可能发生之年、仲康日食的最佳可能发生之年、商代武丁在位之年、商末帝乙和帝辛之年、武王伐纣之年、西周金文历谱王年等，均在夏商周碳十四年代框架之内。由此可见，因有考古学和现代测年技术学科的参与，夏商周年代学研究大大提高了其科学性和可信性，它所起的作用是不可低估的。

李伯谦还指出，目前列出的夏商周年表并不是最后结论，“夏商周断代工程”将其称为阶段性成果是很恰当的。学科发展日新月异，随着考古学上层出不穷的新发现，古文献、古文字材料广泛正确地释读，天文计算能力和测年技术的不断提高，综合研究能力的不断提高，新的年代学的研究成果将会不断涌现。在此基础上，夏商周年表将会进一步得到修改、补充，做到更加科学，这也是可以预期的。

2015年7月18—19日，北京大学考古文博学院、河南省文物局、郑州中华之源与嵩山文明研究会在郑州联合举办“夏商周时期的中原与周边——纪念郑州商城发现60周年暨韩维周、安金槐、邹衡先生学术成就研讨会”。来自中国社会科学院、中国科学院、中国国家博物馆、北京大学、南开大学以及省内外科研所、高等院校等单位的150余名专家学者与会，提交论文、发言论述。

李伯谦在发言中讲了两点。一是要把中原地区夏商周考古放在整个夏商周考古研究的大的时空框架中去研究。夏商周时期是文明国家形成发展过程中一个很重要的时期，它的核心在中原。但是中原不是孤立的，它和周边地区相关文化必然存在着密切关系。目前，占据夏商周文明核心位置的中原地区与同时期的东方、南方的关系究竟怎样，尚不是很清楚，对于夏商周考古学整体的研究来讲，这是个十分重要的问题。只有把周围地区研究清楚了，中原地区才能更清楚。所以既要把中原搞清楚，也要把周边搞清楚，然后看它们之间是怎么互动的。这个关系搞清楚了，就能搞清楚以中原地区为核心的国家的形成、中华文明形成和发展的过程。这些工作都应该纳入构建中原地区夏商周时期的考古学时空框架体系这个大的课题中。二是要加强对考古发掘材料的认真梳理和深入研究。他认为，从安金槐先生到邹衡先生，对中原地区的夏商周文化发展的梳理都做出了重要贡献，夏商周时期的时间框架、分期框架已经基本清楚，但是囿于当时考古资料的局限，这个框架还是有缺失，还不够细致，还有需要继续做的地方。另外，夏商周时期究竟多长时间，哪些遗址属于夏，哪些属于商，又有哪些属于周，尚需要更加仔细区分、更加深入研究。这些基础材料不去研究清楚，就很难期望三代考古研究有新的进展。

在确立以夏、商、周为核心的中国上古史基本框架的基础上，“夏商周断代工程”将历谱推定、文献梳理、考古与碳十四测定等课题研究成果加以整合，提出了夏商周年表。尽管这个年表还有不够精准之处，但它的提出，毕竟标志着中国的上古史已不是虚无缥缈的传说，而是可信的历史了。

历史的启示：
五千年文化不断，走的路不同

中华文明是一个大的概念。

中华文明演进的两种模式。

神权：崇尚祭祀，造成社会财富巨大浪费，最终消亡。

王权：注重军权和王权，社会可持续发展，文明延续。

文明演进的三个阶段、六个特点。

恩格斯说："我们根本没想到要怀疑或轻视'历史的启示'，历史就是我们的一切。"

苏秉琦提出"满天星斗说"。他认为，中华文明的发展是多元一体的。严文明提出"中国史前文化的多样性与统一性"，他认为，中华文明是一种重瓣花朵式的结构。

李伯谦认为，中华文明是一个大的概念，它也包括了汉族之外的一些兄弟民族所创造的文化。不同的民族都有自己的文化，在长期的共存发展过程当中，一步步向前走，其中起领导作用的就是中原地区的华夏文明。华夏文明是中华文明的核心；中华文明五千年绵延不绝，只有中原文化一支；中华文明演变有两个模式，即神权与王权。

李伯谦说："中原地区的华夏文明是中华文明的核心，是任何其他地方不能取代的。"他从4个方面阐述。第一，中原地区是中国现代人起源的发祥地之一。第二，中原地区是最早进入文明门槛的地方。第三，中原地区是历代重要王朝建都之地。第四，中原地区是一个文化的熔炉。而且，中原地区的文化是没有间断的，从整个历史时期来看，外来的其他族群到这里，都慢慢被中原文化所融合、同化。他说："中原地区是多民族多文化融合、发展的辐辏之地，很典型的例子就是北魏的汉化。”

结合考古学对中华文明的探索，李伯谦论述了中国古代文明历程为当下的社会主义建设带来的启示。《北京大学校报》2015 年 1 月 5 日刊发李伯谦主讲的北京大学“名师大讲堂”第十一讲——中国古代文明化进程的启示。李伯谦谈道，考古探索与文献材料的研究，描绘出这样一条演进的道路：中国古代文明经历了从社会复杂化到古国的诞生，从古国向王国的转化到帝国的建立的过程，黄河流域的仰韶文化不断演进并延续至今。大致产生于同时期，但由神权主导而在祭祀方面消耗大量社会财富的红山文化和良渚文化，却先后中断，与仰韶文化呈现迥然不同的发展模式。李伯谦认为，社会主义核心价值观的十二个关键词，都与从历史中总结出的经验教训息息相关，而中国古代文明的演进过程，至少给当下的社会主义建设提供了 8 项启示。

良渚文化、红山文化和仰韶文化两种文明模式的不同命运告诉我们，唯有选择正确的模式，走正确的道路，文明才能持续健康发展。

崧泽文化没能保持其最初与仰韶文化类似的质朴特质，而演变为神权至上的良渚文化，并逐渐走向衰落，这一曲折往复的演进道路又提醒我们，文明的发展不是一帆风顺，而是存在变化风险的。

从古代中国版图扩展的过程，我们可以发现，中国文明的形成是一个不断实现民族文化融合、不断吸收其他民族文化先进要素的过程，这也为当前中国如何制定和实施少数民族政策提供了启示。

在历史的长河中，中国古代王朝更替不休，文化却传承不息。自仰韶文化至今，血缘关系和由此产生的祖先崇拜是文明保持绵延不绝并持续发展的动力。

共同的信仰和共同的文字体系的使用和推广，也是维护文明内部统一的重要纽带。

从思想角度看，天人合一、和而不同、和谐共生等理念，以及在其指导下正确处理人与自然、人与人、国与国关系的实践，则是古代文明自身得以顺利发展的关键。

从制度角度看，古代中国中央集权的政治制度对保证大型工程兴建和国家统一发挥了不可替代的作用，然而，中央集权的过度运用则会束缚人们的思想和创造力。

李伯谦强调，中国古代文明演进的过程，也是阶级形成和统治阶级与被统治阶级不断斗争、妥协、再斗争的过程，统治者推行的政策，即使符

▲ 1978 年在庐山参加“中国南方几何形印纹陶学术讨论会”期间，与江西省博物馆考古部许智范合影

合社会发展的要求，也需要得到广大人民群众的理解，不可超过他们能够忍受的限度，“水能载舟，亦能覆舟”，秦朝速亡即是明证。

2010 年 5 月 22 日晚，在郑州嵩山饭店，我采访北大教授李伯谦，李老师谈了以下内容：

对于我自己来讲，本来在学校教的就是商周考古、青铜时代考古，对史前知道的不是太多，但是受到苏秉琦先生和严文明先生的研究启发，也开始关注中华文明的起源、兴盛和发展问题。这几年我连续发表了几篇文章，都是围绕着中原文化写的，也可以说是围绕嵩山文化写的。一篇是《考古学视野的三皇五帝时代》，另外一篇是《中国古代文明演进的两种模式：

▲ 1984 年在浙江考察时，与任仕龙、王明达、魏正瑾、吴玉贤合影（中为李伯谦）

红山、良渚、仰韶大墓随葬玉器观察随想》。

在前不久召开的炎黄文化研究会上，我也提出一个从考古发现看传说当中黄帝时代社会的历史真实性的观点，也产生了一些新的认识。我认为，大体距今 5700 年的时候，在过去苏秉琦先生分出来的六大区系的基础上，可以看出来，在有些地区已经开始出现了社会的分化，开始了社会转型。我认为，从现在的考古材料看，主要是在长江下游，特别是在张家港东山村的这个发现非常重要。在一个大型墓葬当中有 5 把石钺随葬，我们知道，钺是军权和王权的象征，所以我认为，那个地方开始得可能比较早。我们中原地区可能开展得稍微晚一些，但是在进入距今 5500 年以后，红山文化、良渚文化、大汶口文化等，也开始出现了社会的分层和社会的转型。过去大家可能都认为中原地区比较后进，以前都不行，但是，灵宝西坡大型墓葬的发现使大家大吃一惊。这个墓葬的规模与红山大墓、良渚大墓规模差不太多，但是随葬的东西明显有区别。西坡大墓规模很大，但是随葬东西很少，主要是一些陶器。但是有一个是特别要注意的，就是用玉做的钺。我觉得它们时代差不太多，墓葬规模也差不太多，为什么在随葬品上有这么大的差异呢？我就想到，可能是反映了他们在走向文明的过程中，走的路不太一样，也就是说文明演进过程的模式不一样。我认为，红山文化、良渚文化走的是崇尚神权的道路，创造的社会财富被大量地用于宗教祭祀活动。而中原地区的仰韶文化不是这样的，它是比较简约的，因此它创造的社会财富没有在那种无限制的宗教祭祀活动当中浪费掉，而是用于了再生产，这样才保证了它今后的发展能够不断前行，才能够可持续发展。

2014 年 6 月，李伯谦应《大河报》之约，谈中国古代文明演变的两种模式。他说，中华文化七八千年的发展当中，通常分为八块来考察，黄河上、中、下游，这是三块；长江上、中、下游，这是三块；辽河流域一块；岭南地区主要是珠江流域是一块。在文明的初期，这八大块分别向前迈进，但速度不一，快慢不同。红山文化是崇拜神灵的文化。在遗址现场，方圆 50 平方千米内无人居住的区域，全是宗教的遗留，即坛、庙、冢等。长江下游的良渚文化也是那些。唯独黄河中游的仰韶文化不同。仰韶文化是中国新石器文化发现最早的，以前给人印象似乎没有上述两种文化红火，它却有着截然不同的风貌，走的道路不一样。

李伯谦认为，红山文化是最典型的崇拜神灵的文化，一切为神灵服务，一切创造的社会财富都用于宗教活动。良渚文化以灿烂的玉文化闻世，尽管有军权、王权的因素，但主要还是神权。贵族墓葬内出土几百件玉器，有璧、琮等，都是礼天的神器。当时制作这么精美的玉器，要消耗大量的财富、人工，做好了却是为了陪葬，大量的社会财富被这样消耗掉。而在中原地区，同样规模的墓葬来看，如灵宝的西坡遗址，仅随葬几件陶器、玉器，玉器比较粗糙，仅钺和斧两类，均为兵器，“王”字就是“钺”演变而来的，这恰恰是象征军权、王权的。

敬神灵的文化如红山文化、良渚文化，走走就没法延续下去了，仰韶文化是敬祖先的，要考虑传宗接代，考虑今后可持续发展，所以不会把大量社会财富消耗折腾掉。而注重社会财富的积累，生产力的发展，这是它能够延续发展的原动力。之后，中原最早跨入文明的门槛，产生了中国最早的王朝夏，之后是商、周，一路传承下来。

李伯谦进而认为，中华文明五千年没有间断，这话要分析来看，周围的都断了，仅黄河中游地区的这一支延续下来了。“从这个意义上讲，把河南作为华夏文明传承创新区是非常正确的。”

2014 年，李伯谦的《感悟考古》（上海古籍出版社）问世，学界反响极大。李老师用文学手法的内心独白式的文字，娓娓道来，语言生动有韵致，又有现场感。李老师说：“ 收入本书的则主要是为研究生讲课。共同讨论问题的内容整理及相关学术讨论会上的讲话等，多是自己在研究过程中有关方法论和考古理论方面的心得体会，文字比较浅显，容易理解。”

李伯谦老师的《感悟考古》的前言洋洋洒洒数万言，我查了一下，有“十七悟”。“十七悟”的基础，是他“至今在考古战线上摸爬滚打已有 52 年的历史”。

李伯谦“十七悟”中有一“悟”——《中国古代文明演进的模式问题》。他在两千字的随笔中，思辨性地讲述关于“文明的起源与形成”各家的观点。从 2001 年起，李伯谦有关文明起源的论文有 8 篇。

李伯谦说：“ 我自己虽主要研究青铜时代考古，但对文明起源形成问题也有浓厚的兴趣。2000 年‘夏商周断代工程’结题前夕，我和朱凤瀚、徐天进在连续召开座谈会的基础上，就向断代办公室提交了《关于中国古代文明研究的几点设想》，作为随后启动的‘中华文明探源工程预研究’课题的参考，并和李学勤、仇士华先生共同主持了预研究阶段的工作。”

李伯谦致力于文明起源与形成研究，从 1999 年至 2010 年，他先后发表了《以夏商周断代工程成果为起点深入探讨中原古文明》《中国古代文明起源与形成研究的回顾与展望》《夏文化探索与中华文明起源与形成研究》

《考古学视野的三皇五帝时代》《中国古代文明研究的两种模式——红山、良渚、仰韶大墓随葬玉器观察随想》《张家港市东山村崧泽文化早中期大墓的启示》《中国文明起源与形成研究需要注意的几个问题》《关于文明形成的判断标准问题》《中国古代文明进程的三个阶段》等文章，这些文章大部分收入了文物出版社 2011 年出版的《文明探源与三代考古论集》。正如他在该书前言所说：“我比较满意的是文明起源问题上突出神权和突出王权两种模式及其不同发展前途的提出。”

李伯谦认为，如果上述观点可以成立，那么，我们常说的“中国五千年文明一直不曾中断”的说法，就要重新分析了。李伯谦的“重新分析说”，见于 2009 年《纪念苏秉琦先生百年诞辰》书中的一篇文章。2012 年 6 月李伯谦谈道：“中华五千年文明绵延不断，唯中原文化一支。”他说，实际上，在相当长的历史发展阶段中，在现代中国版图范围内，同时存在着多支考古学文化。我们只能说，作为中华核心的分布于黄河中游地区的仰韶文化、河南龙山文化、二里头文化、商周文化这个系统没有中断，而且随着其不断向外扩张和与其他文化的交流融合，像滚雪

▲ 1993 年 12 月 10 日，三峡工程开工前，调查考古遗址时，与赵化成、李水城老师及王鑫合影于忠县长江岸边

▲ 1997 年 8 月 21 日，摄于陕西商洛东龙山遗址

球一样越滚越大，越来越强，绵延不绝；而像红山文化、良渚文化等，则盛极而衰，走上了消亡的道路。没有中断的只是仰韶文化、河南龙山文化、二里头文化、商周文化这个系统。

李伯谦还提醒，在研究中国文明演进道路时，从崧泽文化到良渚文化的转变很值得注意。在科学出版社 2012 年出版的《考古学研究》第十辑上，李伯谦发表了《从崧泽到良渚——关于古代文明演进模式发生重大转折的再分析》一文。他认为，良渚文化是由崧泽文化发展演变而来的，两者是同一谱系而发展阶段不同的两支考古学文化，但从精神层面看，从崧泽文化发展到良渚文化，因经过凌家滩文化为中介接受了红山文化的信仰体系，一改崧泽文化时期崇尚军权、王权，而走上了以崇尚神权为主的发展道路，把社会财富大量用于祭祀活动，失去了可持续发展的能力，因而走向衰落，这是很值得深思的。

2009 年第 3 期的《文物》上，李伯谦发表《中国古代文明演进的两种模式：红山、良渚、仰韶大墓随葬玉器观察随想》，后收入《文明探源与三代考古论集》。李伯谦在文中说：

我认为，广布于中原地区的仰韶文化及其后继的河南龙山文化、二里头文化、商周文化因遵循突出王权的发展道路，从而保证了社会的持续发展和文明的延续，成为中华大地绵延不绝的核心文化，而避免了像红山文化和良渚文化那样，因突出神权、崇尚祭祀造成社会财富巨大浪费而过早夭折。

李伯谦在《中国考古学思想发展史上的一场革命：重读苏秉琦考古学文化区、系、类型理论札记》一文中谈道：

（苏秉琦）考古学文化区、系、类型理论的建立，是器物形态学合乎逻辑的发展。考古学文化区、系、类型体系的六大区系说，是20世纪70年代以前我国考古发现和研究成果的概括，反映了我国民族文化的基本格局和发展演变规律。为重建中国上古史奠定了坚实的基础。

考古学文化区、系、类型理论是后来苏先生连续提出的中国文明"满天星斗说"，中国文明起源形成发展的"多元一体模式"与文化之间的碰撞融和机制、中国文明起源形成研究的"古文化、古城、古国"三部曲、中国文明形成发展的"原生型""次生型"和"续生型"三类型说的理论基础。

玉，从八千年前至今陪伴人类。玉，温润出中国古代文明两种模式。玉有五德，润泽以温，仁之方也。以玉比人，玉树临风，谦谦君子，温润如玉，君子比德如玉。玉佩是古人佩挂的玉质装饰品。

李伯谦大著《中国玉器发展的几个阶段》，应看作一部有关玉器的史话。玉器发展经历了五个阶段：一以装饰为主，二与宗教结缘，三是权力象征的物化，四是成为一种礼仪，五是贴近了生活。

李伯谦还将玉器作为研究中国文明的一个手段。用他的话讲，中国古代文明发展的两种模式，是从玉器开始的，文章的题目就是《中国古代文明演进的两种模式——红山、良渚、仰韶大墓随葬玉器观察随想》。

李伯谦说，玉在历史上伴随人的生活，可分为5个阶段。

第一阶段：以装饰为主。距今1万年前，北京门头沟东胡林人遗址，将玉放在墓主人鼻子下方作装饰。兴隆洼文化也有玉块、玉器，时代为公元前6500—前3500年。

第二阶段：以宗教为主，敬神。以北方的红山文化、长江下游的良渚文化为代表，时代为公元前3500—前2500年。

第三阶段：权力象征物。以庙底沟二期、陶寺类型、中原龙山文化为代表，以钺、斧、刀为主，装饰少了。时代为公元前2500—前1046年。

第四阶段：以礼仪为主，例如玉覆面，时代为公元前1046—前221年。

第五阶段：以生活为主，种类有佩饰、带钩、金缕玉衣等。广州南越王墓出土大量玉器。时代为秦汉及以后。

玉器在红山文化、良渚文化中是祭祀神灵之物，通过对玉器的考察，李伯谦提出了中国古代文明演进的两种模式。在《中国古代文明演进的两种模式：红山、良渚、仰韶大墓随葬玉器观察随想》一文中，李伯谦认为，辽西东山嘴、牛河梁等遗址的发掘，是红山文化考古的重大突破。其随葬玉器，充满神秘意味，少见有权力象征意义的玉器。

红山文化因1935年最早发现于内蒙古自治区赤峰红山后而得名。主要分布于今内蒙古东南部和辽宁省西部，波及河北省北部，而以老哈河中上游到大凌河中上游之间最为集中。红山文化的年代跨度在距今6000—5000年，当地早于它的是兴隆洼文化，晚于它的是小河沿文化。20世纪70—80年代初，辽宁省考古工作者对辽西红山文化遗址的调查和在东山嘴、牛河梁等遗址的发掘，是红山文化考古的重大突破，考古学界广为关注的坛、庙、冢等重要遗迹，都是在这一时期发现的。

红山文化墓葬随葬玉器，在组合上有鲜明的特点，除延续使用兴隆洼文化时期流行的玉玦、珠、管、长条匕形饰等生活装饰用玉，占主流地位的则是马蹄状箍、勾云形佩、猪龙、鸟、蝉、蚕及神兽、神人像等一批充满神秘意味、与宗教祭祀活动密切相关的玉器。而少见玉质的钺、斧、戚、牙璋等富有权力象征意义的玉器。

良渚文化墓葬随葬玉器，专门有直接葬于祭坛顶上的墓，有与宗教活动有关的玉器。

良渚文化得名于1936—1937年杭州良渚遗址的首次发掘。良渚文化主要分布于长江下游太湖地区，往南大体以钱塘江为界，西北可达江苏宁镇地区以东的常州一带，长江以北的苏北地区也有发现，而以太湖周围最为集中，其中杭州以西良渚遗址所在的安溪、瓶窑一带，是其核心地区。当地早于良渚文化的是崧泽文化，晚于良渚文化的是广富林文化，再往后是马桥文化。良渚文化的年代跨度约在距今5300—4300年，其起始年代或略晚于红山文化。

▲ 2001 年，与李仰松、刘绪老师在北京门头沟参观赵朝宏教授主持发掘的东胡林遗址

良渚文化玉器与早于它的崧泽文化玉器相比，发生了明显的变化。崧泽文化墓葬已有墓室大小和随葬器物多少的区别，但不管大墓还是小墓，随葬玉器者一般除了生产工具斧、锛、凿之外，便是装饰用的玉璜、珠、管、坠等，个别墓有玉璧、琀。良渚文化墓葬等级森严，且有一类直接葬于祭坛顶上的墓，这些墓一般只随葬玉石器，而很少有陶器。

据李伯谦分析，无论哪个级别的或者如上所说比较特殊的良渚文化墓葬，只要有玉石器随葬，除了管、珠、坠、镯、环、锥形饰等玉质装饰品，多见的就是玉璧、琮、冠状饰、三叉形饰、牌和玉石钺等。例如反山墓地北排大墓之一的 M20，除 2 件陶器和串挂饰及管、珠等饰品，出有与宗教祭祀活动有关的玉琮 4 件、璧 41 件、冠状饰 1 件、半圆形冠饰 4 件、三叉形冠饰 1 件、柱状器 12 件，另有象征军权、王权的带端饰玉钺 1 件及石钺 24 件。反山墓地南排大墓之一的 M12，出有玉璧、琮、半圆形冠饰、三叉形冠饰、琮形管、坠饰、带榫卯杖端饰、由管穿缀而成的串挂饰及玉、石钺等。瑶山祭坛南排大墓 M9 除随葬陶器 4 件、石钺 1 件、嵌玉漆器 1 件，以及由玉管、珠、锥形器组成的串挂饰，主要有玉冠状器、三叉形冠状器、带盖柱形器、琮、

▲ 2009 年 11 月 19 日，在河南郑州新密李家沟遗址

小琮等，这些玉器上多有繁简不一的“神人面”雕刻纹。瑶山祭坛北排大墓 M11 除陶器及玉管、珠、锥形器组成的串挂饰，主要有玉冠状饰、带盖柱形器、璜、圆牌饰、镯形器、手柄等，玉器上也多有“神人面”雕刻花纹。福泉山 M9 除 2 件陶器及玉管、珠、坠、镶嵌玉粒等装饰品，主要有玉璧 4 件、琮 1 件、琮形镯 2 件、琮形管 2 件、玉柱形管 2 件、锥形器 4 件、杖端饰 1 件、钺 1 件以及石钺 5 件、斧 4 件。寺墩 M3 除陶质的簋、豆、壶、盘各 1 件，玉管、珠等装饰品，主要有玉璧 25 件、琮 33 件、镯 4 件、镯形器 1 件、锥形器 2 件、钺（简报原称斧）3 件，以及石钺 4 件、锛 4 件、刀 1 件、厨刀 1 件等玉器。

李伯谦分析了红山文化、良渚文化、仰韶文化庙底沟类型大墓随葬玉器的特点。

1. 随葬玉器的组合

红山文化墓葬随葬玉器，常见组合有马蹄状箍、勾云形佩、璧、环、猪龙、龟、鸟、蝉、蚕等动物形玉器，少见钺、斧等兵器仪仗类玉器，基本不见镂刻有神徽的琮、三叉形器、璜形器等玉器。

良渚文化墓葬随葬玉器，常见组合有琮、璧、冠状饰、三叉形器、璜

▲ 2011 年，参观河南荥阳关帝庙遗址

形器、锥形器、镯、环、钺及石钺，不见或少见红山文化中常见的箍形器、勾云形佩及龟、猪龙等动物形玉器。

仰韶文化庙底沟类型墓葬随葬玉器，既不同于红山文化，也不同于良渚文化，正像灵宝西坡大墓呈现的情况，种类非常单一，只有玉钺一种，根本谈不上什么组合。

2. 随葬玉器的数量

红山文化大墓随葬玉器的数量，例如牛河梁、胡头沟积石冢发现者，数量不等，既有 2—3 件的、6—7 件的，也有多至 20 件者。

良渚文化大墓随葬玉器，与同时、同等规模的红山文化、仰韶文化墓葬随葬玉器数量相比，无疑是最多的，连同装饰品在内，一般有几十件，多的达上百件。例如反山墓地 M12、M20，瑶山祭坛 M9、M11，寺墩 M3 等，随葬玉器以单件计都在 100 件以上。反山墓地 M23 仅玉璧就出土了 54 件，常州武进寺墩 M3 仅玉琮就出土 33 件。1983 年，余杭县文管会在横山清理的一座良渚文化墓葬 M2，仅石钺就出土了 132 件。

仰韶文化庙底沟类型墓葬随葬玉器数量，与良渚文化大墓相比望尘莫及，与红山文化大墓相比也略逊一筹。灵宝西坡规模与红山文化、良渚文化大体相当的仰韶文化墓葬，一般只随葬玉钺 1 件，M11 最多，也仅 3 件。而墓室规模大于红山文化和良渚文化大墓的 M27、M29，除了陶器，什么玉器都没有。

3. 随葬玉器的雕琢工艺

红山文化墓葬随葬玉器有圆雕也有片雕。在勾云形器、动物形器等玉器上，一般有雕刻的花纹，纹道稀疏粗放，少则数道，多者十多道甚至二十几道，以表现出想要凸显的物象的大体轮廓为标准。

良渚文化墓葬随葬玉器，在琮、冠状器、璜形器、三叉形器、圆牌饰、锥形器等器上，几乎都细密地雕出“神人兽面”纹，有的纹道细如发丝，甚至在一些玉璧、玉钺上也能见到这样的纹饰。

仰韶文化墓葬随葬玉器主要是圆雕，如常见的钺，厚重而朴拙，除了材质不同，其形制和石斧几乎没有什么区别，且无纹饰，这与红山文化玉器尤其是良渚文化玉器不同。

通过比较可以看出，红山文化、良渚文化、仰韶文化庙底沟类型发现的这些大型墓葬，时代基本相同，规模也大体相当，在用玉随葬等方面却有着各不相同的特点，这些不同的特点，显然代表着三个不同的类型。其中，红山文化类型与良渚文化类型有某些相近之处，仰韶文化类型则与之区别甚大。

李伯谦分出不同的类型和不同的模式。

对红山文化类型玉器，除管、珠、坠、镯、环等一般装饰品，研究者普遍认为，像箍形器、勾云形佩、猪龙、龟、鸟、蝉、蚕等一类玉器是通神的工具，对此，许多学者都有深入的论述。掌握通神权力的巫者也以玉示名。红山文化墓葬随葬玉器的情况对此有很好的说明。

良渚文化墓葬随葬玉器，在功能分类上与红山文化相比，有同有异。相同的方面是，大部分玉器也与宗教祭祀有关，也属通神的工具。常见的玉璧、玉琮的功用，《周礼 · 大宗伯》所谓“以青璧礼天，以黄琮礼地”的说法，也许并非确切，但似乎也不能一概否定。

良渚文化大墓随葬玉器在组合上与红山文化最明显的差别，是除了都有大量与宗教祭祀活动有关的玉器，还普遍随葬有象征军权和王权的玉钺和石钺。前面我们曾经提到，有的墓葬除了玉钺之外，尚有多达几十甚或上百件石钺者。钺是由生产工具类石斧演变而来的兵器，是王权的象征，经过林沄教授的精辟考证而成为学术界的共识。良渚文化中玉、石钺大量而普遍的存在，表明当时凌驾于良渚社会之上的权力中枢中，军权、王权和神权是合为一体的。军权、王权已占有一定的地位；但权衡起来，神权仍高于王权和军权。余杭反山 M12 出土的玉钺上、瑶山 M7 出土的玉钺柄端饰上，也雕有神人兽面纹即可为证。钺不仅在举行盛大祭典时充当仪仗，即使在刑杀和征伐等活动时，也要听命于神的指挥。更为重要的，则是证明了能行使军权和王权的，也正是能交接人神、沟通天地、掌握祭祀大权的巫师本人，巫师既握有神权，也握有军权和王权。

与突出神权的红山文化、良渚文化不同，仰韶文化突出王权。仰韶文化，因 1921 年瑞典人安特生发现并发掘河南渑池仰韶村遗址而得名。仰韶文化主要分布于黄河流域的陕西、河南、山西、河北、甘肃等地，而以陕、晋、豫交界地区最为集中。仰韶文化的年代跨度约为距今 6000—4500 年，可分为半坡类型—庙底沟类型—庙底沟二期文化早、中、晚三个发展阶段。仰韶文化早期聚落和社会结构分化尚不明显，墓葬随葬器物除了陶器，便是似玉材质的绿松石珠、管一类装饰品，和斧、锛、铲、凿等石质生产工具，个别也有玉质者。

到了仰韶文化中期特别是中期后段，聚落和社会结构均发生激烈分化，中心聚落、大型建筑纷纷涌现，高等级墓葬也应时而生。2005—2006 年，中国社会科学院考古研究所和河南省文物考古研究所在河南灵宝西坡遗址发掘的仰韶文化中期（距今约 5300 年）墓地，令学术界耳目一新，迄今累计已发掘墓葬 34 座。其中最大的 M27 为带生土二层台的长方形竖穴土坑墓，墓口约长 5 米，宽 3.4 米。墓室位于正中，宽约 0.7 米，其底部上距墓葬开口约 1.5 米，墓室东部通连一近圆角方形的脚坑，墓主人为一成年男性。奇怪的是，墓室中未见任何随葬器物，仅在脚坑内发现大口缸、簋形器、釜灶、壶、钵、杯等 9 件陶器。M29 距离 M27 大约 6 米，亦为带生土二层台的竖穴土坑墓，墓口约长 4 米，宽 3.3 米，墓室宽约 0.9 米，底部上距墓葬开口约 1.85 米，墓室东部也有一脚坑与之相连。随葬陶器 6 件，其中 1 件钵倒扣在胸部上方填土中，另外 5 件均置于脚坑内，墓主人男性。和 M27 一样，也无玉、石器等随葬。伴有玉器的，墓葬规模较之略小，属于中型或中型偏大墓葬。2005 年发掘的 22 座墓，有 6 座墓除陶器外，尚随葬有玉器。其中 M6、M8、M9 各 1 件，M17 有 2 件，M22 为玉钺、环各 1 件。M11 是一未成年的小孩墓，竟有玉钺 3 件。这些墓葬亦多带生土二层台和脚坑，形制与大型墓一致。

▲ 2011 年 12 月 26 日，在河南荥阳官庄遗址参观

在仰韶文化大型墓葬中，随葬的除了陶器便是极少的玉钺，甚或没有玉钺，看不到宗教祭祀活动的遗迹和象征神权存在的东西。仰韶文化中晚期像红山文化、良渚文化一样，也已发展到分层社会的阶段，但不同的是，凌驾于社会之上的权力中枢中，以玉钺为象征的军权和王权占有至高无上的绝对地位。李伯谦认为，我们不能说当时仰韶社会没有神祇和祭祀活动，但至少可以证明，神权在社会政治生活中的重要性不大。

较早发现仰韶文化、红山文化、良渚文化之间存在差别的是许倬云先生。许倬云并不否认仰韶文化也有信仰，但他认为，仰韶文化的信仰是对于死者的灵魂观念，这种灵魂观念，可以转化为事死如事生，可以转化为祖先崇拜，因而人死后，即以日常生活用品殉葬。考古所见的确主要是活人使用的器皿和工具，或其仿制品。这一信仰与红山和良渚两个玉文化礼仪中心所显示的神祇信仰迥然有别，玉器主要是神祇信仰的礼器，陶器则主要是祖先信仰的礼器。

通过以上分析，我们可以得出以下认识：在中国古代文明演进历程中，距今 5500—4500 年这个阶段，无论是北方的红山文化、东南的良渚文化，还是中原的仰韶文化，都已发展到苏秉琦先生所说的“古国”阶段，但它们所走的道路、表现的形式并不相同。如果说它们都属于“古国”，则红山文化古国是以神权为主的神权国家，良渚文化古国是神权、军权、王权相结合的以神权为主的神权国家，仰韶文化古国是军权、王权相结合的王权国家。

对于这种不同模式、不同的前途。李伯谦论述：

在古代文明演进过程中，出现不同模式的原因可能是复杂的，这里既有环境的因素，也有文化传统的因素，但究竟什么是主因，似乎一时还难以说清楚。不过，考察不同地区、不同文化文明演进的全过程，我们便会发现，不同模式发展的前途并不一样，有的盛极而衰，逐步消亡了，有的则向更高层级迈进，继承发展下来了。

根据考古学的研究，在我国的东北地区，红山文化之后是小河沿文化，再后是夏家店下层文化，并由此开始进入青铜器时代，文化发展的谱系是基本清楚的。但无论是小河沿文化还是夏家店下层文化及其之后的什么文化，都没有再发现像红山文化坛、庙、冢那样令人震惊的宗教祭祀遗迹和遗物，更没有发现能够证明其发展为独立文明国家的证据。事实是随着时间的推移，它的继承者不断发生分化，有的自行消亡了，有的逐步融入其他文化，或被发展程度更高的文化同化了。

▲ 2015年10月16日，在河南登封方家沟遗址

位于我国东南地区，以祭坛、贵族坟山、大型城址和精美玉器为标志的良渚古国的发展程度显然高于红山古国，但像红山古国的前途一样，继良渚文化之后的广富林文化、好川文化以及马桥文化等，也没有再发现更重要的遗迹遗物或者可证明其发展为更高层级的独立文明的证据。反倒是有更多的材料可以证明，它同样是自行萎缩或者被别的文化取代、融合或同化了。

李伯谦认为，中华文明有三个特点。第一，不同地区分别出现了不同的文明因素。第二，中国文明起源时代在龙山时期。第三，中华文明的发展趋势是多元一体。

李伯谦提出了中国文明演进的三个阶段，即古国—王国—帝国阶段。这三个阶段形成了中国文明演进的两种模式。

1. 古国

大约6000年前，中国进入古国阶段。在崧泽文化张家港遗址，发掘出石斧、石钺。陶寺遗址的大墓出土5件玉钺，是军权的象征。此时出现了城。苏秉琦认为，5500—5000年前开始进入古国时代，有部落又有公社，公社以上的组织形式叫“古国”。这是原始社会到阶级社会的过渡，李伯谦倾向于叫“酋邦”。古国的代表有红山文化、良渚文化。红山文化出土的玉猪龙、玉鸟等玉器，清一色地为宗教服务，无一兵器。良渚文化中，筑坛建庙敬神，玉多用来制作神器、祀器。安徽的凌家滩大墓有兵器，也有宗教色彩。再一个典型是灵宝的大墓、大房子，围着广场，其规模与红山文化的一样大，随葬品很少，只是在一个人身上放一把玉钺。过去认为这是落后，实际上，它是不把财富消耗到敬神上。

2. 王国

王国时代从尧舜禹时代到秦朝以前，王国时代可分为三段，即尧舜禹、夏商、西周到东周。

尧舜禹时期是王国的第一阶段，权力高度集中，出现大型城址。如中原地区的陶寺城，280万平方米。陶寺大城的南墙外还有一小城，专为埋葬贵族。而且，墓葬随葬品丰富，有玉钺、彩绘陶罐等。

另一个现象是杀伐，到处是被杀的人。例如陕西榆林石峁遗址，有用石块堆的城，有影壁。在这里发现了非正常死亡的24个人的人头，横七竖八，有男有女，女的只有十八九岁。在陶寺、登封王城岗，都有非正常死亡的人。这已不是原始社会的表现了。在这个时期，国家出现了。有专门的军队，有专门的兵器，如玉钺。在陶寺22号墓发现5把玉钺，这是军权与王权的象征。

夏商时期是王国的第二阶段，出现了大墓、大城、大建筑。二里头、郑州商城对周边都有很大的影响。

西周至东周是王国的第三阶段，西周开始分封制。何尊上有铭文“宅兹中国”，这是“中国”一词第一次出现。武王克商，立都丰镐，要治天下。周公寻找“天地之中”，建都洛邑。

3. 帝国

帝国从秦始皇开始，李伯谦认为，帝国有六个特点。一、大一统；二、多民族融合；三、中央集权（保证大型工程，如长城、运河）；四、郡县制代替世袭制；五、一家一户的耕作代替了井田制；六、统一文字、货币、度量衡。

三个阶段、两种模式概括了中华5000年文明史的特点。此外，李伯谦还总结出中国文明的六个特点。他认为，中国古代文明经历了古国—王国—帝国阶段。中国古代文明演进有两种模式，一种突出神权，另一种突出军权与王权。中国文明的演进，虽然多元但却一体，文化系谱绵延不绝，最终形成核心统一的信仰系统、文化价值和制度规范。

中华文明有六个特点：

第一，从中国早期文明的演进道路来看，中国文明从形成之初即是多元一体的文明，经过长时间的不断融合，最终形成了统一的多民族国家；

第二，秦汉以后，中国的历代王朝虽有更迭，但文化统系始终绵延不绝；

第三，中央集权的政治制度一直在完善与改进，但其内核未发生变化；

第四，血缘关系和由此产生的祖先崇拜，是中华文明自身保持绵延不绝、持续发展的重要原因；

第五，统一的文字传承是文明延续的基础；

第六，儒、法、道家思想，始终是中国上层文化的精神内核；以佛教为代表的思想，在传入中国后都经过了中国化的改造过程，并向东亚地区传播。

这六条是中国文明与其他国家文明的不同之处。

位于中原地区的仰韶古国，以灵宝西坡发现的大型建筑和大墓为标志，既缺乏红山古国坛、庙、冢的辉煌，也没有良渚古国大型城址、大型祭坛、贵族坟山和动辄以几十件、上百件玉器随葬的张扬，但大量考古材料表明，继仰韶文化之后的中原龙山文化，在仰韶古国奠定的基础上，文明的脚步没有停止，也没有迂回，而是继续向前，又推进到了一个新的阶段。

山西襄汾陶寺遗址的发掘表明，距今4300—4000年，这里以面积达280万平方米的城址、大型宫殿基址、观象台基址、随葬6件玉钺及众多彩绘陶礼器的大墓为标志，也兴起了一个内涵更为丰富的初级文明国家。学者们结合古代文献记载，倾向于认为，此即传说中的尧的都城平阳。根据司马迁《史记·五帝本纪》，尧之后是舜，舜之后是禹。尽管目前考古上尚未找到舜都的线索，但河南登封王城岗河南龙山文化晚期面积达34万平方米的大城城址的发现，及其碳十四测年为公元前2000年前后始建的事实，则从考古上证明了文献所记此即禹都阳城的可信性。由禹、启建立的夏王朝，过去一直被称为中国古代历史上的第一个王朝，共经十四代十七王。继王城岗禹都阳城发现之后，新密新砦“后羿代夏”时期遗存的发现，以及偃师二里头夏都的发现，使过去一直被视为传说时代的夏史成为信史。

如果将以往河南安阳小屯殷墟、郑州商城、偃师商城及陕西周原、长安丰镐、洛阳成周等遗址的考古发掘研究成果串联起来，夏、商、周三代历史的发展线索和基本框架，便清晰地呈现在世人面前，而如究其渊源，自然应由仰韶古国为其开始。我们不应否认中原龙山文化及其后续的夏、商、周文化，在其发展过程中曾吸收过在历史上曾盛极一时的红山文化、良渚文化所创造的某些先进文化因素，但总体来看，只能是仰韶文化的直接继承和发展。

在商都大讲堂，李伯谦谈道，红山古国、良渚古国消亡了，唯独仰韶古国得以承续发展，绵延不绝，成为数千年不曾间断的中华文明史的主干。这是偶然还是必然，主要原因是什么，值得我们关注和讨论。

回溯古今中外历史，世界上发生的林林总总大小事件，既有偶然原因，也有必然因素，但更多的恐怕还是必然通过偶然表现出来。红山古国、良渚古国最终消亡的真正原因，仰韶古国最终得以存续发展的真正原因究竟是什么？李伯谦认为，问题主要还是出在它们在文明演进过程中选择的不同途径、采取的不同模式上。

红山古国采取的是无限扩大神权的模式；良渚古国虽然神权、军权、王权相结合，但仍是以神权为主的模式。神权高于一切，应该是两者最终均走向消亡的根本原因。第一，掌握神权的巫师，毫无节制地将社会财富

▲ 与中山大学的北大考古校友在一起

大量挥霍于非生产性的宗教祭祀设施的建设和活动上，掏空了社会机体正常运转和持续发展的基础，使社会失去了进一步发展的动力，这是我们从红山文化牛河梁、东山嘴、胡头沟等遗址的发掘资料中可以直接观察到的，也是学者早已指出过的。第二，掌握神权的巫师，不是靠自己的军事才能和行政才能管理国家，而是靠向神致祭、同神对话秉承神的意志和个人想象来实现领导，这样做的结果可想而知。

而在军权、王权结合基础上突出王权的仰韶古国，则与前两者绝然不同。在灵宝西坡遗址的考古发掘现场，我们既看不到红山文化牛河梁，良渚文化瑶山、汇观山那样的范围广大、内涵多样的宗教祭祀场景，也看不到红山、良渚大墓中随处可见的带有神秘宗教色彩的玉器。其墓葬尽管规格很高，但一般只有陶质器皿和一两件玉钺随葬，而且，这些看似规格和地位很高的大墓，并不脱离氏族公共墓地单葬一处，而是和其他规模不算很大但可能有血缘关系的死者葬于同一墓地。在这里看到的是王权的凸显和神权的渺小，是尊者的朴实无华，是尊者与卑者虽有区隔但仍存在的千丝万缕的联系。仰韶古国在这样的中枢领导下，具有三大特点：第一，没有造成，也不大会造成社会财富的极大浪费，从而保证了社会的正常运转和持续发展的可能。

第二，掌握军权、王权的仰韶古国的王，虽对自然神祇也心存敬畏，也有祭祀，但主要是崇敬先祖，通过祭祀祖先求得庇佑和治世良策，因而不会像红山、良渚古国掌握神权的巫师那样“随心所欲”，靠神的意志实行对国家的治理。第三，仰韶古国的王比较接近民间社会，因而能够提出比较符合民众和社会需要的措施，顺应社会发展的要求。李伯谦曾主张，考古学上的仰韶文化晚期至龙山文化时期，大体可与传说中的五帝时代相对应。尽管灵宝西坡遗址有许多关于黄帝曾铸鼎于此的传说，但迄今我们还无法知道，西坡仰韶大墓的死者究竟能否与五帝之首的黄帝直接挂钩，抑或早于五帝的时代。但考察西坡仰韶大墓，总会让人联想到《史记·五帝本纪》的记载：“轩辕之时，神农氏世衰，诸侯相侵伐，暴虐百姓，而神农氏弗能征。于是轩辕乃习用干戈，以征不享，诸侯咸来宾从。……轩辕乃修德振兵，治五气，蓺五种，抚万民，度四方”，“时播百谷草木，淳化鸟兽虫蛾……劳动心力耳目，节用水火材物。有土德之瑞，故号黄帝。”司马迁描绘的黄帝，是否真的如此，他自己也心存疑惑。如将有关记述和西坡仰韶大墓考古材料相对照，两者好像如影随形，形影不离。我们历来反对将五帝一一人格化，但是，如果将其作为时代的符号来看待，这些记载是否也含有某些真实、合理的成分呢？

总之，无论是从考古材料看，还是从文献记载看，古代历史上出现的王权国家，因能自觉不自觉地把握社会可持续发展的方向，避免社会财富的浪费，所以要高于、优于神权国家。仰韶文化从进入分层社会开始，社会上层即选择了在军权、王权结合基础上凸显王权、发展王权的道路，并为后继者所传承，这应该是由仰韶古国创造的文明模式得以发展，数千年绵延不绝的根本原因。

文明的判断：
文明形成的十个标准

国家是文明的概括。
文明的定义。
文明形成的“四要素”。
文明形成的十个标准。
秦扫平六国的六大变化。
古国、王国、帝国新解。

李伯谦《感悟考古》中《关于文明形成的标准问题》一文谈道：“文明的起源、形成和发展，是世界上任何一个民族，任何一个国家都十分关注的学术课题。”

判断人类社会的发展是否已经进入文明，首先要明确文明的定义。有关文明的定义不下几十种，但比较起来，迄今仍以恩格斯提出的“国家是文明的概括”的概念最接近文明的本质，也为学术界多数学者所认可。那么，什么是“国家”呢？“国家”是政治学、法学上的术语，国家是暴力机关又是管理机关。作为暴力机关，具有保卫自己的人民和领土不被外人侵犯和对外开疆拓土的责任，对内有保护上层统治阶级利益、镇压下层被统治阶级反抗的作用；作为管理机关，具有组织管理生产、税收、水利、交通等经济、行政等职能，保证国家机器正常运行。“国家是文明的概括”，文明发展到一定程度就会产生国家，国家是社会进入文明的象征。考古学上找不到作为政治学、法学概念的国家，但是从调查、

▲ 1987 年，出席世界考古大会，摄于德国特利尔古城堡

发掘出的遗迹、遗物乃至遗迹现象，是可能观察到并分析出国家是否已经产生和存在的征象的。

文明形成的“四要素”或曰四个标志，即一般所说的城市、文字、青铜器和大型宗教礼仪性建筑。这种提法虽然注意到了社会演进过程中产生的与文明有密切关系的新事物、新现象，但并没有抓住文明和作为文明概括的国家的本质，没有认识到问题的复杂性。放眼古代世界，实际上有的地区，青铜冶铸技术发明很早，但并未进入文明；有的地区较早进入了文明，但尚未发明文字。从中国古代来看，情况可能更为复杂。有学者认为，良渚文化有规模巨大的城址和大型祭坛等宗教礼仪性建筑，已经进入了文明，但良渚并未发现青铜器；即使有了文字，数量也有限，看不出在社会上有多么广泛的流通。有学者认为，包括河南龙山文化晚期在内的夏代早期尚未建立国家，但登封王城岗、新密新砦城址的发现，淮阳平粮台城址门卫房、大型殿址和陶排水管道等设施的出土，如果不是国家产生的象征，又该作何解释？

从判断文明形成的“四要素”说发展到判断文明形成的“聚落分级说”，

▲ 1994 年 11 月 21 日，摄于台湾卑南遗址

无疑是认识上、理论上的重大进展。因为聚落的分级是十分复杂的，有外部原因，如环境和自然条件的改变；也有内部的原因，如人口的增加和功能的调整等。关键是分析聚落的内部结构。

在依据聚落形态演变来探讨文明形成，已成为学术界的共识。紧紧抓住“国家是文明的概括”这个核心，从多方面考察，综合分析，就有可能对文明发展状况做出正确估计，判断文明是否已经形成。

关于文明的形成，李伯谦提出了十个标准。

1. 聚落规模是否出现了分化，在星罗棋布的小型、中型聚落群的中心是否出现了大型、特大型聚落。

2. 大型、特大型聚落是否出现了围沟、城墙等防御性设施。

3. 大型、特大型聚落是否出现了大型宗教礼仪活动中心和建筑，类似陕西临潼姜寨仰韶文化遗址的中心广场和大房子的功能，此时是否发生了变化。

4. 作为大型、特大型聚落有机组成的墓葬，在规模上是否出现了分化，是否出现了特设的墓地。

▲ 1996 年夏，摄于辽宁绥中姜女石

5. 大型、特大型聚落是否出现了专业手工业作坊和作坊区，是否出现了集中一处的大型仓储设施。

6. 大型、特大型聚落是否发现有专门的武器和象征最高权力的权杖、仪仗等一类器物。

7. 大型、特大型聚落是否发现了文字和少数上层人物垄断文字使用的迹象。

8. 大型、特大型聚落是否发现有异部族（异文化）居民日常生活遗留下来的遗迹和遗物。

9. 各级聚落之间是否存在有上下统辖关系的迹象。

10. 大型、特大型聚落对外辐射（交往）的半径有多大，辐射的渠道和手段是什么。

对上述诸方面考察之后，要通过分析作出综合判断，这些情况和新的变化是否反映当时社会已经产生阶级分化和斗争，是否已经产生管理和统治机构，以及集军权、神权、王权于一身而突出王权的最高首长。如果这些都已存在，那么便可认为，当时的社会已是阶级社会，已经有了国家机器，已经进入了文明。

李伯谦举了五个文明实例进行分析。

1. 江苏省张家港市东山村崧泽文化早期、中期大墓和小型墓分区而葬，

▲ 1996 年 12 月 6 日，在伦敦大英博物馆参观“四川三星堆出土文物展”，摄于大英博物馆大门前

在一座大型墓中随葬 5 件石钺和 19 件玉器及大量陶器。这表明，距今 5800 年前，长江下游早于其他地区已率先出现社会分级，而且，军权、王权相结合的初级王权已露端倪。但其他方面尚看不出更多的文明迹象，当时似尚未进入王国文明社会。

2. 分布于辽西、内蒙古东南部和河北北部的红山文化坛、庙、冢及玉猪龙、勾云形器等具有浓厚宗教色彩的遗迹、遗物的发现，一方面表明社会已存在分化，另一方面表明，当时社会充斥着宗教狂热，神权高于一切，军权和王权不占主要地位，社会亦尚未进入王国文明阶段。

3. 河南灵宝西坡发现随葬有玉钺和精致陶器的仰韶文化大墓，表明当时社会分级现象已经存在，以军权为支撑的王权业已出现，但其他方面能说明已进入文明的证据尚不充分。虽然在甘肃秦安大地湾、陕西华县泉护南台地和河南灵宝铸鼎原等地都发现有与其基本同时的大房子，但大房子的性质和功能不明，尚不能和后世帝王的宫室建筑相提并论，据此还不能说当时已是文明社会。

4. 继崧泽文化兴起的良渚文化，既有大型城址、祭坛、贵族坟山，又发现有刻画神徽图案的琮、璧和钺等大量玉石器，表明社会分化已相当严重，阶级之间的斗争已相当激烈，神权、军权、王权相结合的最高权力已有比较充分的发展，作为“文明的概括”的国家应已产生，不过，考虑到神权更为突出的事实，良渚国家还应归于神权国家的范畴。

5. 仰韶文化之后的龙山时代，在河南龙山文化、山东龙山文化、石家河文化、宝墩文化以及分布于内蒙古等地的龙山期文化中，设防的城址像雨后春笋般涌现。山西襄汾陶寺大城面积达280万平方米，在城内发现有宫殿基址、大型仓储区，附设的小城内有随葬多把玉钺的贵族大墓，南城墙外紧靠城墙有观象台遗迹，且已发现有文字。河南淮阳平粮台城址的范围虽不很大，但南墙正中城门两侧有门卫房，城中中北部有大型宫室基址，有用特制的陶水管套接铺成的排水管道。登封王城岗新发现的大城面积达34.8万平方米，内有大片夯土和用人奠基的现象。新密新砦城址范围大于淮阳平粮台，城内发现的一处半地穴房址长100多米。如果把上述崧泽文化、红山文化的重要发现暂归于苏秉琦先生所说的古国阶段，那么，以良渚文化、龙山时代文化这些城址为代表，显然又前进了一步，很可能都已跨入王国文明阶段了。

中国作为世界文明古国之一，有着悠久的历史。今天的中国，是前天、昨天中国的发展；明天的中国，是今天中国的发展。为了今后更快更好地前进，回顾中国古代文明演进的历程，我们可以得到许多有益的启示。

古国—方国（王国）—帝国，是苏秉琦先生对中国古代文明发展阶段的精辟概括。苏先生所说的古国，是“指高于部落之上的、稳定的、独立的政治实体”，这类政治实体显然已具有某些科学意义上的国家的职能。有的学者将其与西方学术界主张的“酋邦”相对照，有的则主张称之为“邦国”。李伯谦认为，无论是苏先生所说的古国，还是西方学者喜用的酋邦或国内某些学者主张的邦国，其所指大体都是社会演进过程中处于同一发展阶段上的社会政治形态，与其后龙山时代发展成的王国文明相比，有一定的原始性；但与比其早的部落或部落联盟相比，则已有性质上的不同。

关于“古国”一词，李伯谦认为其并不是一个内涵和概念十分明确的称谓，“古国”的“古”和“王国”的“王”以及“帝国”的“帝”也不相称，如果考虑到古国和王国、帝国发展程度上的区别，并都以其政治实体的最高首长来命名，援引中国典籍里的邦、国互称，和对古代一些处于相似阶段的少数部族首领称为“酋长”“酋帅”的习惯，称其为“酋邦”可能更接近当时的实际。

李伯谦的重大贡献有三：第一，对古国、方国、帝国的涵盖范围，进行了科学的梳理；第二，他以考古实证，极为透彻地分析了仰韶古国的军权、王权发展模式；第三，他对“帝国”的分析，为我们认识“大秦帝国”提供了一个认知的角度。

李伯谦论述，王国阶段后期的春秋、战国时代，由于内外矛盾的激化，社会处于大动荡、大分化、大改组的混乱状态。原来僻处西陲的秦国，经过十几代国君的励精图治、开拓进取，至秦王嬴政时期，终于通过连绵不断的兼并战争扫平六国，实现统一，将历史推进到了一个新的阶段——帝国时期。

从王国到帝国，各方面都发生了重大变化：

第一，国土范围空前扩大，涵盖并超出了原夏、商、周王朝所控制的最大疆域。

▲ 1996 年 12 月 10 日访英期间，在伦敦大学考古学院考古学家莫蒂默 · 惠勒画像前

▲ 2005 年 3 月，在加拿大英属哥伦比亚大学（不列颠哥伦比亚大学）参加学术讨论会

第二，民族文化融合达到新的高度，中华文化通过吸收周边民族文化的先进因素，不断壮大并更新着自己的面貌。

第三，郡县制取代分封制。

第四，井田制逐步被一家一户的自耕个体经济所代替，与之相适应，是赋税制度的实行。

第五，官吏举荐和任免制取代世袭制，从中央到地方，形成了中央集权比较完备的官僚体系。

第六，与中央集权政治体制相适应，是法律法规的完善和文化专制主义的推行。

由秦始皇建立的帝国及其推行的相关制度，两千多年以来为后来各代王朝所继承，直到清王朝灭亡，其间虽因时势变化有所损益，但基本体制并无大的变易。

中国古代文明源远流长，绵延不绝，在其由古国到王国、由王国到帝国几千年的发展过程中，有许多发明创造，积累了丰富的经验，当然也有过这样那样的教训。回顾这一历程，发扬优秀传统，总结经验教训，对于中华民族未来的科学发展，构建和谐社会具有重要的借鉴意义。

为学科建设：
打通历史，连接历史，进入历史

大学乃大师之谓也。

94 年的历史长度。

北京大学考古文博学院。

一个国际性的以考古教学与研究为主的院系。

努力构建考古学科。

打通历史，连接历史，进入历史。

“四书”中的《大学》说：“大学之道，在明明德，在亲民，在止于至善。”教育的目的是为人之道，推己及人。

历史上的种种“偶然”，构成了北京大学独一无二的“人生”阅历，它蕴含了深刻的人文精神、人性尺度，文化内涵和精神亮点无时不在。

清华大学校长梅贻琦说：“大学，非大楼之谓也，乃大师之谓也。”为什么？陈平原说，百年北大，其迷人之处，正在于她不是“办”在中国，而是长在中国——跟多难而又不屈不挠的中华民族一步步走过来，流血流泪，走弯路，吃苦头，当然也有扬眉吐气的时刻。

钱穆对学校好坏与否有三条考量：是否有一种独特的风气来陶铸人才；是否能够承接民族文化的大传统，并继往开来创造出新风气；是否有活泼真常的泉源——自由之精神。

1905 年，京师大学堂首任监督张亨嘉就职，向全体师生发表就职演说，只有短短的一句话：“诸生为国求学，努力自爱。”

1958 年，北大历史系考古专业大三学生李伯谦、朱非素、吴梦麟、齐春芳、郝本性、郑杰祥、杨育彬、任长泰、徐自强、汤池、张学海、李晓东等一班

▲ 1998 年 3 月 18 日，与许倬云、徐苹芳先生在一起

人提出一个口号：“为祖国健康工作五十年！”那一年，他们年方二十一二岁，多么青春。青春是一种心态，青春的泉水又流淌了半个世纪，已七老八十的李伯谦们，仍在健康地为祖国建设奔忙着。

1998 年，李伯谦参与创办了北京大学考古文博院（后更名为“学院”），并担任院长，现为北京大学震旦古代文明研究中心主任。

1998 年，由他出任首席科学家的“夏商周断代工程”，已进行两年，这项大课题要带领众多的鲜活的“人”干复杂的“事”，不仅在案头，而且行走在中华大地，到发掘现场。李伯谦以大视野、大胸怀、大气势营造北京大学考古文博学院，那是他对考古学科发展的探索，也体现出他的人文情怀和价值观。

以张光直来北大讲学为契机，从 20 世纪 80 年代中期开始，每年都有外国学者来讲学，外国学生来进修。如今，北大考古文博学院同英、美、法、德、意、澳、日等国多所著名大学和科研机构建立了合作交流关系，通过这些交流与合作，发展壮大了自己，提高了科研水平，成长为一个国际性以考古教学与研究为主的考古院系。

《20 世纪中国知名科学家学术成就概览》的总主编是钱伟长，考古学卷主编是王巍。现将书中孙庆伟所写的李伯谦传记摘录如下：

▲ 2004年11月2日，在河南荥阳织机洞旧石器遗址

北京大学考古学科与中国考古学共同起步。20世纪20年代，以田野考古为标志的近代考古学刚刚传入中国，得风气之先的北京大学即于1922年在文科研究所下设立了考古研究室，这是中国第一个考古专门研究机构。

新中国成立之后，为适应文物考古事业的大发展，在文化部和中国科学院考古研究所的积极支持下，北京大学历史系考古专业于1952年正式设立，这是中国高校设立的第一个考古专业，为国家的文物考古事业培养了大批优秀人才，是新中国考古学家的摇篮。

李伯谦长期担任北京大学考古学科的负责人，特别是1992年出任北京大学考古系主任之后，更是把学科建设放在第一位，全力打造高水平的人才教育平台。1995年，针对当时考古学发展趋势及国内文物考古工作的需要，李伯谦主持对考古系的学科设置与教学内容进行了大幅度的调整与改革，为北京大学考古学科的大发展奠定了良好基础。1998年，在李伯谦的积极筹划下，北京大学考古系发展壮大为考古文博院（2002年改称“北京大学考古文博学院”），新增设古代建筑和文物保护两个专业方向，在稳固考古与博物馆专业的传统优势的同时，着力加强了科技考古的力量。同年，北京大学以考古文博院为依托，与国家文物局联合成立了“中国文物博物馆学院”，兴建了新的考古教学用楼。这次调整使北京大学考古文博院成

织机洞遗址与东亚旧石器文化国际

▲ 2005年10月22日，参加河南荥阳“织机洞遗址与东亚旧石器文化国际学术研讨会”

▲ 2006 年 7 月，在香港举行的“饶宗颐教授九十华诞庆祝会”上，与饶老交谈

为全国高校同专业中基础设施最完整、学科覆盖面最宽、教研力量最雄厚的院系。

1999 年，李伯谦以考古文博院为基础，联合北京大学相关人文学科，创办北京大学古代文明研究中心并担任主任至今。十余年来，在他的规划与努力下，该中心出版了《古代文明研究通讯》68 期，出版古代文明研究丛书 33 种，成为中国古代文明研究的重镇。

2000 年，在学校领导与支持下，李伯谦又组织以北京大学考古文博院为主的力量，申报教育部人文社会科学重点研究基地——中国考古学研究中心获得成功，并出任该中心的首任主任。中国考古学研究中心的成立，进一步确立了北京大学考古在全国高校的领先地位。

数十年来，李伯谦一直奋斗在教书育人的第一线。作为一名教考古学的老师，他不仅在课堂上循循善诱，更在发掘区的探方里身体力行，真正体现了一名考古学者知行合一的优秀品质。他直接培养的研究生和博士生多达数十人，其中绝大多数活跃在考古工作的第一线，不少人已经是卓有所成的专家。他教过的北京大学考古专业的学生超过千人，得到他指点的全国各地的文物考古工作者更是不计其数。他对年轻人充满期待，鼓励他们积极创新，超越自己这一代学者。他曾经深情地写道：“青年是早晨八九点钟的太阳，你们要有雄心壮志，要发扬顾颉刚倡导的‘古史辨’运动的疑古精神，敢于向权威挑战，敢于和传统决裂，敢于独树一帜。……在学术发展史上，没有对传统结论的不断挑战，就没有创新，就没有发展。”

2011 年，在北京大学考古专业工作了整整五十年的李伯谦这样写道：“时间过得真快，不知不觉间已进入老年，这是谁也无法抗拒的自然规律。但在精神上，说实在的，我还没有特别明显的感觉，心里常想的还是晋侯墓地发掘报告没有写完，雪山遗址的报告我再不整理可能就真的石沉大海了，而学术上一个又一个新问题又似乎都在向我招手，我还想继续探索。学术研究既枯燥又充满快乐，在你梳理材料思考问题、寻找证据时，感觉是枯燥的；可一旦问题迎刃而解、豁然开朗，又是无比快乐的。”那就让我们衷心祝愿这位不服老的老人享受着越来越多的快乐吧。

李伯谦将考古学上升到历史研究的高度，是受考古学奠基人夏鼐和苏秉琦先生的影响。他在很多论著中，强调考古学是历史学的重要组成部分，

▲ 2011 年 8 月，与王幼平老师在河南郑州老奶奶庙旧石器遗址

▲ 2012 年 3 月 17 日，在河南郑州老奶奶庙旧石器遗址

考古学研究必须上升到历史学研究的高度。他在“夏商周断代工程”和“中华文明探源工程预研究”所做的突出贡献，切实地体现了他的上述理论，他以自身的学术实践，为中国考古学的学科定位做出了完美的诠释。

李伯谦营造的考古学境地——北京大学考古文博学院，现已成中国考古学重镇、学术话语高地。

赛克勒考古与艺术博物馆，是亚洲一流的高校博物馆，常年与多家合作单位进行展品交流。博物馆所藏标本多是院里学生在几十年田野实践中亲手发掘的，具有很高的学术价值，尤其是陶瓷标本，建立了一个较为完整的陶瓷序列。科技考古实验室承担着年代研究、同位素分析，是国内高校首屈一指的科技考古实验室。野外实习自然也是考古与文化遗产专业必不可少的，考古文博学院在陕西、河南、山西、山东等地有多个人才培养基地，为开展田野实习提供了有力保障。

以李伯谦为院长的北大考古文博学院，基础设施完整，学科覆盖面宽，教研力量雄厚。其下设考古学系与文化遗产学系，分4个专业：考古学、博物馆学、文物保护和文物建筑专业。4个专业的学生，每年有15—20名派往国外，参加国际田野考古。

李伯谦说，重建中国古史是考古人也是考古文博学院的最终使命。因为文明是一个民族的记忆，我们要做的工作是不使民族失忆，而现在，是要将考古与当代建设与文化遗产保护结合起来，考古工作既有现实的应用性，更有深远的民族意义。

赤子著其文：
感悟考古，转识成智

通透的哲思。

考古是什么。

考古学文化。

考古学文化的变迁。

考古学文化族属。

精神领域考古。

考古学如何发展。

考古学与当下社会主义建设。

自 2015 年 3 月至 2015 年 10 月，我的生活被吸附到另一端——读李伯谦《中国青铜文化结构体系研究》《文明探源与三代考古论集》《感悟考古》煌煌大作，如沐春风，如见其人。此外，《文明的源头在哪里——访北京大学中国考古学研究中心主任李伯谦》(《人民日报》2005 年 6 月 10 日)、《追寻从未间断的中国文化——新中国考古学的发展与贡献》(《人民日报》 2009 年 8 月 7 日)、《考古学对中国上古史建设的重大贡献》(《光明日报》2002 年 12 月 17 日)、《中国古代文明化历程的启示》(《北京大学校报》2015 年 1 月 5 日)等文章，记录了李伯谦学术成就的点点滴滴。

2014 年，李伯谦完成了他的新著《感悟考古》。在长达数万字的“导言”中，李伯谦对考古学研究中带有普遍意义的 17 个问题展开了讨论，这既是他对个人学术生涯的一次整体回顾，更是对中国考古学理论与方法的全面反思。

1956 年李伯谦进入北京大学。1958 年过共产主义暑假，不放假，吕遵谔先生带领 1956 级、1957 级两个考古班到周口店进行发掘。

▲ 1993 年 7 月 11 日访问日本时，与日本驹泽大学的饭岛武次教授考察旧石器时代遗址

李伯谦回忆：“当时刚上过吕先生讲的旧石器时代考古课，所以同学们情绪很高。那是一段愉快的、很有意思的经历，现在回想起来，的确是一个难得的学习机会。裴文中、杨钟健、郭沫若（当时是中国科学院院长）、贾兰坡都去过工地，我见到了很多著名的学者。郭老还同我们讲过话，至今我还珍藏着郭老、杨老、裴先生、贾先生和我们在一起的照片。大热天的，虽然每天汗流浃背，但大家有说有笑，过得特痛快。而且还真挖到不少东西，认识了好多古代已灭绝的动物骨头，如剑齿象、鬣狗、肿骨鹿什么的。当时晚上或者遇下雨天还上课，学习与旧石器考古有关的知识。还组织科研小组，让同学们查资料，访问科学家、老技工，编写《中国旧石器考古小史》，这时对考古虽然还不能说很懂，但至少不像以前那样神秘了。”

1959 年，李伯谦他们迎来了列入教学计划的正规的田野考古实习，当时学苏联叫“生产实习”，是跟现在北大考古系一样的本科实习，地点在陕西华县柳枝镇的泉护村和元君庙。学过新石器时代考古的人都知道这两个有名的遗址，相关的报告都已出版发行。当时是李仰松老师带队，辅导老师还有白溶基，是严文明老师他们班的，他是朝鲜族，后来回朝鲜去了。

▲ 1993 年 8 月 15 日，访问日本东京，与日本朋友一起就餐

实习从 3 月中旬开始，到 8 月初结束，然后有半个月的参观。他们去了临潼、西安和宝鸡，一共是四个多月。

这次实习是李伯谦对考古认识的分水岭。以前懵懵懂懂只是知道点皮毛，后来通过周口店发掘再到这次实习，对考古的认识逐渐加深了，对于考古究竟是什么，这个时候才有所体会。回想当年夏鼐先生讲《考古学通论》，说“考古学是历史科学的有机组成部分”，“考古学和文献历史学是车之两轮”，并没多大在意，直到这次实习才真正感到，确实是有道理的。他回忆道：

实习时，我主要在元君庙。这是一处仰韶文化早期的墓地，墓坑一排排、一行行很有规律。墓坑内一个人，两三个人，五六个人，十几个人，有男有女，或全是男的，或全是女的，也有几个男的或几个女的和一个小孩埋在一起的，有的是一次葬，有的是二次葬，他们之间的关系是什么，是兄弟、姐妹、夫妻、父子、母子、甥舅、姑侄，还是别的？为什么有的是一次葬，有的是二次葬，有的是一次葬和二次葬在一个坑里？同学们争论得不可开交，各不相让。通过老师的引导，慢慢地觉得，这可能是反映了母系氏族社会的情况。尽管文献上说过，古代曾有“只知其母，不知其父”的阶段，但像这样具体的活生生的例子，由我们亲手挖出来摆在大家面前，却是任何古书上都没有记载过的。中国号称史学大国，中国有二十四史，加上《清史稿》是二十五史，此外还有野史、方志、私人笔记等，尽管很多，但以上这种情况就没有记载。另外，文献上记载的是不是都可靠呢？其实，后来我们才知道，有很多并不是都可靠。比较早的、先秦时期的文献，都是口耳相传，经后人一代一代记录下来的，这中间可能就有误差，甚至有对当时帝王们的溢美之词，并不是很真实的反映。而考古挖出来的是实实在在的东西。当然本身也需要一个艰苦的解读过程，因为它们没有写着是什么，特别是没有文字记载的史前时期和原史时期。

学考古不是为了发思古之幽情，而是为了懂得社会发展规律，更好地认识和把握以后发展的方向。从我国考古事业和文化遗产保护事业发展的历史即可看到，两者是相辅相成、密不可分的。文化遗产性质、年代、价值的确定，要依靠考古学的研究成果；文化遗址保护规划的制定、遗址公园的建设，需要考古工作者的参与。同样，没有文化遗产的保护，考古也将失去自己活动的空间。

这就是考古学。地层学、类型学、文化因素分析方法是考古学的三大方法，是马克思主义方法论。历史主要靠文献记载来研究，考古是靠实实在在的遗迹、遗物。

关于地层学，大家都知道，地层学是借鉴自然科学中地质学的地层学过来的。那么，地质学上的地层学与考古学上的地层学有什么不同呢？李伯谦说，地质学上的地层，是自然变化形成的不同的层；而考古学上的地层，是人类活动留下来的不同时期堆积形成的层，本质区别在这里。因此，它就具有复杂性，比自然层复杂得多，解读起来难度也就更大。所以，我们必须掌握什么是地层，怎么划分地层，怎样根据土质、土色辨别地层。但是，我们不能仅仅停留在这一步，还需要知道地层是怎么形成的，尤其是考古的地层，是人类活动的结果，有时候人类活动的结果与自然力量是交织在一起的。例如，可能突然出现一个间歇层，间歇层里没有陶片，全是沙子，那是发洪水形成的，是自然形成的东西。

关于“埋藏学”，李伯谦将其看作“一个动态的过程”。大小层同样有意义。他认为：“埋藏学是旧石器时代考古使用的概念，主要是研究这个层是怎么形成的，什么原因形成的，多长时间之内形成的，它有什么不同的特点。”“说这一层中有灰坑，有房子，有墓葬，这个现在说来肯定是不对的。当时邹衡先生告诉我，任何一个遗迹单位就相当于一个地层单位，所以，一座房子、一个墓葬、一个灰坑也是一个地层单位，要把它当成一个地层来理解。”

“考古学文化”概念的得出，是考古学实践的产物。在“考古学文化”概念形成以前，人们对考古遗存的概括只有“期”的概念，没有“文化”的概念。需要说明的是，这里所用的“文化”一词，是考古学上的术语，是指在特定时间、特定地域内具有共同特征的一群遗迹、遗物的总合，不是泛指的一般意义上的“文化”。

那么，什么叫考古学文化呢？李伯谦说，考古学文化是对特定时间、特定地域内具有共同特征的一群遗迹、遗物总合的概括，它所研究的对象不是一个遗址，而是一群遗址。而且，为了进行对比，还不能仅局限于这个所谓的特定时间、特定地域之内，常常是要扩大到时间更长、地域更广的范围。考古学文化的认定，无疑是考古学研究的重要成果和进展，但从整个研究的过程来看，它还只是其中一站。

关于考古学文化的区、系、类型，李伯谦还是从考古学文化切入。他认为，一个特定的考古学文化，其内部可能是有层次的，其与周边的考古学文化也会存在这样那样的关系，因此，随着研究的深入，需要有更广阔的眼光，并需要与环境相联系。正是基于这样的情况和学科发展的要求，苏秉琦先生的“考古学文化区系类型”学说，便很自然地提了出来。他于 1981 年在《文物》杂志上发表了《关于考古学文化的区、系、类型问题》。

李伯谦说，这一问题是苏先生十多年前关于区系类型的酝酿，它的萌芽可以追溯到 1965 年。1965 年，苏秉琦在《考古学报》第 1 期发表《关于仰韶文化的若干问题》，将仰韶文化分为半坡与庙底沟两个类型。李伯谦认为：“把一个考古学文化看成可分的，确实难能可贵。”在以后召开的多次学术研讨会上，苏先生的讲话几乎都包含有区系类型的内容。苏秉琦根据 20 世纪六七十年代的材料，将中国新石器时代分为六大区系，这是考古界都熟悉的，但其他人的分区可能就知道的少了。1979 年 4 月 10 日，苏秉琦在西安“中国考古学会成立大会”上的讲话，便向全国考古工作者发出了围绕建立中国考古学文化区系类型体系开展工作的号召。

歡迎「海峽兩岸博物館事業與
主辦單位：財團法人沈春池文教
協辦單位：教育部、行政院大陸委
贊助單位：鴻禧美術館

▲ 1994 年 11 月，随时任国家文物局局长张德勤率领的“海峡两岸博物馆事业与文物交流学术访问团”出访台湾

1978 年，李伯谦在“江南地区印纹陶问题学术讨论会”上提交论文《我国南方几何形印纹陶遗存的分区、分期及其相关问题》一文（发表于《北京大学学报》（哲学社会科学版）1981 年第 1 期，后收入《中国青铜文化结构体系研究》），即是在苏秉琦先生的区、系、类型理论指引下写成的。对考古遗存如何进行分区，需要考虑环境因素，更取决于考古调查发掘的进展及取得的成果，因此，其分区不是一成不变的。由于着眼点不同、见解不同，不同的研究者分区的结果也不会完全一样。

类型学是研究考古遗存的关键步骤，类型学也是分类学。因为考古发掘会发掘出许许多多的遗迹和遗物，这些遗迹和遗物，特别是遗物，有的形制不一样，质地也不一样，大小不一样，花纹也不一样。它们之间是否有早晚，相互之间是怎样的关系，如果没有一个科学的方法，面对这一大堆东西便会束手无策，很难理出头绪来。类型学就是解决这个难题的方法。李伯谦说，像考古地层学是借鉴地质学的地层学一样，考古类型学也是借鉴自然科学中的生物学的分类学而来的。类型学也可以说是分类学，就是要依照一定的方法对挖出来的遗迹、遗物进行分类。正式分类以前，有一项工作首先要做，就是要把早期遗留物排除。一个遗址，特别是有许多时

▲ 1994 年 11 月访问台湾时，与马承源、汉宝德、徐政夫先生合影

▲ 1994 年 11 月 29 日，与吴索海、陈国宁在台湾文化大学华岗博物馆

代堆积的复合遗址，在晚期地层中常常会有早期的遗留。比如现在挖的是西周中期的文化层，可这一层的东西不一定都是西周中期的，说不定就有西周早期的，甚至客省庄二期文化或仰韶文化的东西。因为这块地方有西周早期和客省庄二期文化层，附近有仰韶文化遗址。生活在西周中期的人，修房盖屋，挖坑掘墓，只要动土，就难免碰到以前的东西，随垃圾倒出去，就形成了西周中期文化层中夹杂早期遗留物的现象。这些早期遗留的东西，陶片也好，石器也好，你搞统计、搞分类，如果你不认识，不将其剔除在外，结果就可能出问题，至少是不准确，与实际有距离。

掌握类型学方法对一个搞考古的人非常重要，根据李伯谦自己的体会，只有真正掌握了类型学方法，并从类型学的实践中尝到了甜头，才能对自己挖出来的这些遗迹、遗物真正有所认识，才算真正懂了考古。

关于类型学，李伯谦强调两点。第一，只有将类型学与地层学结合起来，不管是遗迹还是遗物，才会发现从不同地层挖出来的东西之异同。第二，通过类型学研究，可以把它们条理化、科学化，知道它们正确的时间定位和空间定位，这就掌握到了考古学最基本的东西。

李老师告诫年轻学人，类型学研究是一个从主观到客观的过程，研究得越深，主观与客观符合的程度越高，得出的结论越接近实际。反之，

▲ 1996 年 8 月 11 日，与雷兴山、吴世恩带领韩国朋友参观周口店遗址博物馆

浮光掠影，浅尝辄止，要想做出准确的型、式分析，的确不容易，得出的结论可能会与实际相距甚远。正是因为类型学研究有难度，才要求研究者必须十分专注，反复揣摩，多方比较，并充分利用一切可以利用的科技手段。不相信类型学是科学的研究方法，这种想法是不对的，应该彻底打消。

考古学文化因素分析方法是李伯谦独创的一个论点，是从考古学研究上升到历史学研究的桥梁。

李伯谦对考古学文化因素分析方法进行了定义，他说："我理解的考古学文化因素分析，是对构成考古学文化诸内涵的来源的分析。"考古学文化的内涵或构成因素十分复杂，其中有继承自己的先行文化发展而来的，有在发展过程中因应某种需要新产生的，也有接收周邻其他文化的影响与之融合而形成的。

李伯谦的实践活动，给了他提出的论点一个很有力的支撑。1974 年，他带 1972 级学生到吴城遗址发掘，但对出土这类遗存怎么定性成了最大的难题。经过分组、征求邹衡老师意见，1978 年，李伯谦以"试论吴城文化"为题，

▲ 1996 年，和秦大树老师在赛克勒考古与艺术博物馆接待台湾刘良佑教授夫妇

正式提交在江西庐山召开的“江南地区印纹陶问题学术讨论会”，文中将丙组因素重新作了分析，一部分归甲组，另一部分归乙组，只保留了甲、乙两组。这大概是较早将一个考古学文化分为两组不同因素的一篇文章。不过当时他也还没有意识到，这就是着眼于不同来源分析的考古学文化因素分析方法。李伯谦认为，这部分含商文化的因素不占主要地位，故命名为吴城文化。夏鼐先生赞同李伯谦的文化因素分析法，在日记中表扬了他。

李伯谦又运用这一方法研究了二里头文化东下冯类型、河南龙山文化造律台类型、夏家店下层文化、城固铜器群等。他逐步悟到，文化因素分析是继地层学、类型学之后，考古发掘、整理、研究必经的一个环节，文化因素分析方法也是考古学研究的一个重要方法。

1985 年，李伯谦开始给研究生上这门课。后又在晋文化研究座谈会上发言说：“如何通过考古学研究推导出历史学的结论？我觉得一个重要方面，是要在不断完善地层学和类型学方法的同时，自觉地将文化因素分析方法运用于考古学文化内涵的研究中。”

为什么说文化因素分析是从考古学研究过渡到历史学研究的桥梁？李伯谦指出：

通过考古学上的文化因素分析，可以找到构成一个考古学文化诸内涵的不同来源，而这些不同的来源的背后，则是不同的人们共同体，如果你研究的是原史时代、历史时代的材料，这些不同的人们共同体就可能是见于文献记载的传说中的某某族，从而推断该考古学文化的族别及其形成过程，这就是从考古学的研究进到历史学的研究了。

例如，我关于二里头文化二里头类型可能是“后羿代夏”之后形成的夏代中晚期的夏文化的推断，即是从二里头文化中分析出有从山东龙山文化传播过来、与山东龙山文化关系密切的一部分因素，联系到文献中“后羿代夏”事件的有关记载而形成的。《从灵石旌介商墓的发现看晋陕高原青铜文化的归属》一文，也是先将晋陕高原黄河两岸商时期的青铜文化分析出两个系统，再联系有关文献记载和甲骨文、金文有关材料，判断灵石旌介铜器群是基本上与商王朝保持友好往来的方国遗存，而石楼—绥德类型铜器群，则是时常与商王朝处于敌对状态的可能包括常见于甲骨文的𢀛方等方国部落的遗存。

现在，考古学文化因素分析方法在考古界已得到广泛重视，但如何具体运用、如何改进提高，还需要在实践中不断探索、不断完善。在这方面，曾经在北大上过这门课的何驽、雷兴山、宋玲平等都发表过专门的讨论文章。

李伯谦认为，考古学文化变迁中存在着“渐变与突变”。“考古学文化不是铁板一块，也不是固定不变的。其实，如同世上任何事物一样，考古学文化也是时刻在变化着的。”对于考古学文化的变化规律，他总结出以下几点。

第一，变化是绝对的，变的速率却是不同的。依据土质、土色划分出的文化层，有厚有薄，厚的层不见得延续时间长，薄的层延续时间也不一定短。遗迹、遗物表现出来的组合与型、式差别，也不一定与层位相对应，有的层虽然很薄，但它的遗迹、遗物可能划分出好几个代表有先后演化关系的式，有的层也许很厚，它的遗迹、遗物却难以分出式别，或者只有一两个式别的不同。

第二，一个文化层可以代表一个文化期，但一个文化期也可能包括若干个文化层。对此，李伯谦在《先商文化探索》一文中作过专门论述。他举例说：“郑州商城东城墙 C1T7 探沟的第 2、3、4 上层，在《报告》中均归于二里岗上层（文化期）；1980—1981 年发掘的二里头遗址Ⅲ区 T3、T7 东壁的第 4 层（夯土）和第 5 层（大坑），《简报》均归于二里头三期偏早，第 6、7 层虽分为偏晚偏早，但都归于二里头二期；1982 年发掘的二里头遗址 9 区 T10 西壁的第 4A、4B、4C 层和第 5、6 层，《简报》均归于二期堆积。”

第三，至关重要的是，“文化层或遗迹之间的相互叠压和打破关系只是提供了分期的可能，但并不一定都能分期”。不过，通过式别和期段可以看出来的这种变化，只是量变或局部质变，总体还处在渐变过程中。

第四，“无论是遗迹还是遗物，只有组合的变化、型的变化，才会反映出考古学文化的质变、突变。这种突变，虽不都表示考古学文化族别的根本改变，却代表着旧的考古学文化的衰落和新的考古学文化的诞生。”

第五，李伯谦寻找引起这种突变的原因，主要有三点：一是环境、气候的重大变化；二是该考古学文化所代表的人们共同体内部社会结构发生了重大变化；三是其他文化的强烈冲击引发的文化融合和重组。他举例：五六千年前至 3000 多年前的新石器和青铜文化，以定居农业为主，后转变为以半农半牧经济为主，文化面貌发生重大改变，皆与当时气候变冷、雨量变小、风力加大、土壤沙化等自然环境恶化密切相关。在中原地区，由仰韶文化向河南龙山文化的转化，则可能是其社会结构内部由酋邦到王国的转变所致。

李伯谦在对一系列考古学文化研究后发现，虽然每一个考古学文化都在不断的变迁之中，但它们变迁的速率是不同的。那么，产生这种现象的原因是什么？经过对大量考古材料的分析，他提出了考古学文化变迁的“渐变”和“突变”模式。不仅如此，他还把考古材料上所见的上述模式与具体史实联系起来。例如，从河南龙山文化晚期到二里头文化之间的“渐变”现象，折射出的是夏王朝的建立，是发生在部落联盟内部；而夏商之际和殷周之际考古学文化的“突变”，则反映了夏商王朝更替和殷周王朝更替是异族入侵的结果。

在对考古学文化研究过程中，李伯谦还对考古学文化之间的互动与传播产生了浓厚兴趣，提出，必须注意强势文化与弱势文化之间的差别，分辨文化传播的主体、中介与受体，区分文化传播中的激进与浸润模式，分析弱势文化对强势文化传播因素的抵制与选择，重视文化传播与文化交汇区的形成，关注文化传播中的“文化飞地”与“文化滞后”现象。

李伯谦认为，“考古学文化的本质是运动的，考古学文化的存在不是孤立的”，这是我们对考古学文化应有的两点基本认识。

正是因为考古学文化是运动的，所以它才有发展变化，才有扩张、收缩；正是因为考古学文化的存在不是孤立的，所以无论它是纵向发展变化，还是横向扩张收缩，都会与同期的其他文化发生这样或那样的互动。

经年累月的田野考古的实践，是李伯谦对考古文化学理论和观点的强大支撑。在《我国南方几何形印纹陶遗存的分区、分期及其相关问题》一文中，他专门探讨了几何形印纹陶所分各区与中原和其他地区的文化交流。20世纪80至90年代，李伯谦陆续写出的20多篇文章，几乎都有文化互动的内容，其中《夏文化与先商文化关系的探讨》《从对三星堆青铜器年代的不同认识谈到如何正确理解和运用“文化滞后”理论》两篇，更是直接探讨不同考古学文化互动关系和其中的文化传播问题的。这些文章都被收入《中国青铜文化结构体系研究》一书。

2006年李伯谦写出《关于考古学文化互动关系研究》一文，该文和其他许多文章一样，虽是由李伯谦执笔，但实际上是大家共同的研究成果。在这篇文章中，他根据自己的研究实践和思考，并参酌课堂讨论的收获，提出了考古学文化互动关系研究的十个问题，涉及强势文化与弱势文化之间的互动，文化传播的主体、中介与受体，文化传播中的激进与浸润模式，弱势文化对强势文化传播因素的抵制与选择，文化传播与文化交汇区的形成，文化传播中的“文化飞地”与“文化滞后”现象，考古学文化不同内涵对外传播速度之差异，社会发生分层情况下上层、下层对传播态度之不同，文化同化与替代，文化互动关系研究的步骤等。

李伯谦说：“通过考古调查、发掘出来的遗迹、遗物乃至遗迹现象，是人们在生产、生活等各种活动中遗留下来的，而在特定时间、特定地域内发现的具有共同特征的遗迹、遗物的总和，即是考古学上所说的考古学文化。”正像前面已经讲过的，考古学是历史科学的有机组成部分，而历史是人的历史，是人类社会发展的历史，历史科学的使命是要研究人类社会发展的规律。考古学研究仅仅满足于遗迹、遗物的研究，见不到制造、使用这些遗迹、遗物的人和由人组成的社会，怎么可以满足、可以止步呢？1958年，北京大学搞教育革命，考古专业学生对考古课的最大意见就是“器物排队”“见物不见人”。问题是怎么见物见人、由物及人，见什么样的人。

一般来说，作为具有共同特征的遗迹、遗物组成的考古学文化的主人，是与其相应的由具有共同的生产生活方式、共同的语言、共同的风俗习惯、

▲ 1996 年访问韩国，摄于韩国尚文邑支石墓

共同的信仰和血缘关系的人联系在一起的人们共同体。

考古学文化族属研究，是运用考古学方法去揭示隐藏于组成考古学文化的遗迹、遗物背后的这个人们共同体——族或族系。

族是一个十分复杂的概念，我们现在所讨论的主要是指以父系为主导形成的族，如夏族、商族、周族等。各个族皆以具有血缘关系的若干代男性为中心而形成，但随着婚姻、族氏分衍、融合、同化等，族本身也在不断发生着变化。一是构成特定的族的成分来源日益复杂；二是维系族的存在的血缘纽带随着时间的推移不断弱化，而起着纽带作用的文化的分量却不断增加。因此，研究考古学文化的族属，必须在对考古学文化分期的基础上进行，必须在对考古学文化进行文化因素分析的基础上进行。

中国是史学大国，在先秦典籍中有着丰富的关于族及族系的记述，其中虽然也有荒诞不经的成分，但绝大部分应有所本。研究考古学文化的族属，将之与文献上的古族相对应，就必须首先梳理文献中有关的记载，做文献

▲ 1996 年 12 月 10 日，拜访牛津大学默顿学院院长杰西卡·罗森爵士，同行的有任式楠先生

的可信性研究，然后从时代、地域、社会发展阶段、文化特征与文物制度、文化关系与族际关系等方面一一考察，就有可能确定考古学文化是文献记载中的某族。

考古学文化族属研究是一项系统工程。李伯谦在根据研究生课堂讨论写成的《考古学文化的族属问题》（收入《考古学研究》第七辑）一文中，通过以河南登封王城岗大城为代表的河南龙山文化晚期、以新密新砦期遗存为代表的新砦文化、以偃师二里头遗址为代表的二里头文化研究推定为夏文化的过程为例，阐明了考古学文化族属研究工作的艰巨性、方法的重要性和应秉持的科学严谨的态度，他认为，只有这样一环紧扣一环、一步一个脚印地坚持下去，才能得到经得起推敲的科学结论。

关于考古学研究中的“背景”问题，李伯谦说：“我不懂英文，上学时学的那些英文早已还给老师了。英文中的 context 一词翻译成中文，确切含义是什么，我真的不清楚。看别人的文章，吴晓筠喜欢译为‘区位’，徐坚喜欢译为‘情境’，雷兴山则常常称为‘存在背景关系’。不论怎么翻译，我大体理解，是指某某物事的存在状况和背景的意思。”他进一步说：

前些年，考古界曾有过“器物本位”和“文化本位”的讨论，讨论的结果，自然是倾向分析考古学上的问题不能从“器物本位”出发，而应当从“文化本位”出发。因为从“器物本位”出发，割裂了器物所处的位置、器物与遗迹之间的联系等大的社会与环境背景，丧失了许多信息，很难解决想要解决的问题。但“文化本位”似乎又太过宽泛。讨论某一考古学文化内部的问题，就不能从“文化本位”出发。“文化本位”只适用于讨论不同考古学文化之间的问题。

雷兴山在其《先周文化探索》一书中，谈到怎么研究先周文化时，提出用“背景本位”代替“文化本位”，即是说无论讨论的是一件器物、一座房址、一座墓葬、一个墓地，抑或是一个聚落、一个考古学文化，必须从其所处的特定背景出发。我同意这个看法，因为从“背景”出发，就使讨论的对象摆脱了孤立的处境，放在了一个时间和空间维度的、与周围保持有机联系的环境之中。但我在为雷兴山《先周文化探索》所写序言中，也特别指出：“所谓‘考古背景’，并非固定的概念……在一定范围内它可以说是考古背景，但换一个场合，它可能就成了需要研究的问题的本身。实际上，在研究中，根据研究目的转换和范围大小的变化，以上所列各项是可以互为背景的。”总之，无论研究什么，都必须全面地、系统地、发展地、有联系地看问题。其实，所谓“背景本位”就蕴含着这样的意思。

考古学中的性别研究是一个全新的领域。李伯谦认为：人类自身和人类社会都是由男、女两性构成的，考古学中由人们从事生产、生活等活动遗留下来的遗迹、遗物乃至遗迹现象，无不打上男性或者女性的烙印。我们常说考古要见物见人、由物见人，这里所说的人，就包括男人和女人。但自从人类社会由母系演进到父系以来，男性一直处于社会主导地位，重男轻女的观念一代重过一代，即使现在我们早已宣称实现了男女平等，但观念中重男轻女的余毒仍然存在。表现在考古研究中，虽然以田野调查、发掘为特征的现代考古学在我国已有 90 多年的历史，但性别考古，尤其是从女性出发的性别考古，除零零星星少数人有所涉及，总体上看，似乎一直未能成为一个相对独立的研究领域。

考古性别研究是在美国先出了书，对李伯谦启发很大。2005 年，美国匹兹堡大学艺术史与考古学教授 Katheryn M. Linduff（林嘉琳）女士和宾夕法尼亚州盖底兹堡学院艺术系助理教授孙岩女士合作编辑，用英文出版了《性别研究与中国考古学》一书，收录了 13 位作者的 12 篇论文，其中大部分作者是林嘉琳教授的中国学生，研究的全是中国考古上的问题。该书由著名学者许倬云先生作序，他给予很高的评价。

李伯谦回忆：“孙岩在北大读本科时是学考古的，当她向我介绍了该书之后，我立即决定译为中文出版，因为我觉得这将是对中国开展性别考古的一个促进。中文稿我认真地读了两篇，学到不少东西，在读的过程中，我结合我们自己的考古实践思考了一些这方面的问题，我认为每篇文章对我们开展性别研究都有启发。我思考的这些问题，在我给该书中文版写的序言中归纳为六个方面：涉及如何提高性别考古重要性的认识；在重视墓葬材料的同时，如何注意从居址、生产工具、生活用具、仪仗、装饰品中提取性别考古信息；运用并非死者生前生活‘实录’的墓葬材料，研究性别问题的重要性及其局限性；运用墓葬材料研究性别问题，既要重视单个墓葬，又要注意其在整个墓地中所处位置及与其他墓葬的关系；运用墓葬材料研究性别问题，既要重视随葬品反映的墓主生前社会地位，又要注意其来源的多元所反映的其他信息；性别研究和其他研究一样，既要注意一时、一地、一事研究，又要注意反映其发展变化的长时段考察。”

李伯谦说：“我国每年开工的发掘项目不少于2000个，每年发掘出的遗迹、遗物数以千万计，蕴含的性别信息异常丰富，如果我们能用性别考古的理念去整理分析这些材料，一定会有意想不到的发现。正是受到这部书的启发，尽管我自己没有研究过这个问题，但我支持博士生颜孔昭选择晋侯墓地墓葬的性别作为学位论文的选题。”

李伯谦认为，苏秉琦先生提出的考古学文化区系类型理论，将新石器时代考古学文化分为六大区系，即是从这一角度所作的分区，“我写的《中国青铜文化的分期与分区研究》一文，也是在这方面所作的努力”。人类的活动是以自然为舞台的，无论是从自然角度还是从人文角度所作的分区，二者均有着密不可分的关系。因此，考古学区域研究，不仅仅包括考古遗存在内的人文方面的研究，也要注意自然地理环境方面的研究，只有如此，才能将研究引向深入，发现事物发展演变的规律。

李伯谦指出，当前，大家都比较重视区域文化研究，这当然是对的。但我们心里应该清楚，现在使用的“区域”一词，往往指的是行政区划的区域，

▲ 1996年12月13日，参观英国索尔兹伯里巨石圈，与韦陀、汪涛先生在一起

▲ 1998 年 8 月 18 日，随吕遵谔老师访法时，与法国罗慕列教授夫妇一起，参观人类学研究所收藏的人类化石标本

行政区划的区域与自然分区不同，与文化分区也不相同。我们做考古学区域研究，既要注意自然分区，行政分区对文化分区可能的影响，但又不能受自然分区、行政分区的限制，既要站在区域之内，又要站在区域之外看问题，总之，要有更为宽阔的视野。

李老师又提出，行政分区的影响可以忽略不计。他说："无论是自然分区、行政分区还是文化分区，都不是固定不变的。但相较而言，自然分区较为稳定，行政分区和文化分区都是人类行为所致，发展文化的速度则相对较快。考古学区域研究，主要是特定区域内考古学文化的研究，在某种程度上对自然分区特别是行政分区的影响可以忽略不计。"

李伯谦强调，考古学区域研究，既要注意考古学遗存的年代分期，又要注意考古学遗存的谱系。分期和谱系是两个不同的概念，分期表示的是考古遗存的相对早晚关系，谱系表示的是考古遗存的发展演变关系。

考古学区域研究，既要注意本区内考古遗存的研究，也要重视相邻区域之间，甚至与更远区域之间考古学遗存关系的研究。相邻区域考古遗存研究清楚了，将有助于本区域考古研究的深入：或者是参照其年代分期标尺，校正或细化自己的年代分期标尺；或者是借鉴其文化性质与族属推定的过程与结论，确定自己的文化归属与族属。

无论是自然分区、行政分区还是文化分区，都有大小，都是分为不同层次的。考古学区域研究自然也不例外，下一层级区域研究是上一层级区域研究的基础，只有众多下一层级区域研究搞得很扎实，上一层级区域研究才能在众多下一层级区域研究成果基础上做出更高层次的概括。例如，仰韶文化、河南龙山文化、二里头文化都可以分为若干区域类型，这一认识，正是对各考古学文化分布范围内若干小区域考古学遗存研究成果分析之后得出的。

李伯谦在为 2011 年出版的段宏振主编的《邢台商周遗址》作序说：

这种围绕特定目的，以特定地区、特定时代遗址发掘成果详细梳理为基础进行综合研究的模式，是从田野考古报告、田野考古学研究过渡和上升到历史学研究整个研究逻辑链条中的一个创造。和现在流行的田野考古发掘报告相比，它有报告要求的自然地理环境、历史沿革、考古简史、地层、分期、遗迹、遗物及结语等基本内容，也可以将其看作田野考古报告，但又有较大篇幅的综合研究，独立出来就是一篇考古学论文。而与现在流行的考古学论文相比，其最大的特点是有分量很大的田野考古报告的内容，属于历史时期的更有大篇幅的相关文献记载的征引和分析。因此，由这种类型的著作做出的论断，当然就具有更大的可信性。现在大家都比较重视区域文化研究，其实，每一文化区域之下的遗存还可以分为若干不同的层次，历史时期尤其如此。因此我想，进入历史时期在全国各地陆续涌现出来的都城、郡城乃至县城遗址，如能以对邯郸、邢台两地的研究模式为启发开展工作，则区域文化与聚落演变研究，一定会出现一个新的面貌。

关于考古学时段研究。李伯谦认为，考古学长时段研究与考古学区域研究一样，最近这些年同样受到学界的重视。所谓“长时段研究”，主要是对特定考古学文化从起源到衰亡的发展全过程的追踪，这涉及该考古学文化起源的自然与社会背景、考古学文化因素产生的条件与契机、考古学文化的形成与发展、考古学文化的分期、考古学文化的扩张与收缩、考古学文化发展演变反映的社会结构的变化、考古学文化的衰亡及其原因、考古学文化衰亡与族氏流变等，强调的是纵向考察、全过程的考察。学苑出版社 2003 年出版的滕铭予《秦文化：从封国到帝国的考古学观察》和文物出版社 2007 年出版的宋玲平《晋系墓葬制度研究》，都是对特定考古学遗存长时段研究的著作，取得了重要成果。

李伯谦还认为，长时段研究应该包括属于同一谱系但不同时间的若干支考古学文化之间的发展演变的考察。“我写的 2012 年出版的《考古学研究》第十辑中的《从崧泽到良渚——关于古代文明演进模式发生重大转折的再分析》一文，如果不是将属于同一谱系但不是同一文化的崧泽文化与良渚文化打通起来做长时间研究，也难以发现崧泽文化发展演变为良渚文化的过程中，文明演进模式发生了重大转折的事实。正是因为做了长时段研究，我们才能够弄清楚特定考古学文化或相关考古学文化发展演变的前因后果，恢复其原本面貌。其实，考古学长时段研究，不仅适用于对特定的考古学文化，也适用于对特定区域的研究，段宏振的《邢台商周遗址》就具有这样的性质。这时，考古学的区域研究就和考古学长时段研究合为一起了。"

"精神领域考古"是近年来的热门话题。从哲学上来说，世界是由物质和精神构成的，物质的东西一般可以看得见摸得到（当然有的要借助精密仪器），是具象的东西；精神，看不见摸不到，好像只能感知，只能想象得到，是抽象的东西。物质是第一性的，精神是第二性的，但物质可以变精神，精神也可以变物质。

李伯谦认为，我们搞考古，挖出来的遗迹、遗物是物质的，但这些物质的遗迹、遗物，却蕴含和反映着丰富的精神文化的东西，即这些物质的遗迹、遗物也是在人的思想观念支配下建造和制造出来的。"很长时间以来，考古界包括我自己在内，对遗迹、遗物这些实体的东西比较重视，对其蕴含和反映的精神文化的东西不太在意。"

在考古界，比较早注意精神领域的是俞伟超先生。1989 年，俞伟超在安徽黄山书社出版的《文物研究》第 5 辑发表《考古学研究中探索精神领域活动的问题》一文，明确发出了应该重视精神领域考古的倡议。

何驽也是较早重视这个问题的一位学者。李伯谦回忆他给研究生上考古学理论、方法课，讨论考古学文化时，何驽就提出，"考古学文化是指特定时间、特定地域内具有共同特征的一群遗迹、遗物的总和"的表述不全面，应该在"遗迹、遗物"的后面加上"及其蕴含和反映的精神文化"的内容。当时，课堂上支持的、反对的都有，讨论得很热烈，但没有形成一致的看法。

对于何驽的提法，李伯谦谈道：

我虽然认为他说的有道理，但总觉得精神领域的东西看不见、摸不着，不好把握，不敢做出果断的裁决。我对那次课记忆犹新，尽管我没有接受何驽的建议，但正是自那次课之后，我才开始认真思考精神领域考古的问题了。1998 年我发表的《晋穆侯夫人随葬玉器反映的西周后期用玉观念的变化》（收

▲ 1998 年访问法国时，参观古生物化石发掘

▲ 2001 年访问台湾时，与台湾中国文化大学董事长张镜湖教授在一起

入《刘敦愿先生纪念文集》，山东大学出版社 1998 年版）和 10 年之后写成的《中国古代文明演进的两种模式——红山、良渚、仰韶大墓随葬玉器观察随想》（原载《文物》2009 年第 3 期）两文，可以看作我试图从物的研究入手发掘其蕴含的思想观念的努力。

从我的研究实践体会到，思想观念、精神文化的东西，是依附于遗迹、遗物的，是由遗迹、遗物蕴含和产生的，因此对它的研究，必须从对物的研究开始，但又不能只停留在这一层面，要在物的研究基础上有一个提升和飞跃，这就需要借助其他学科如哲学、心理学、宗教学、艺术学等的研究理论和方法，提高思辨的能力。

例如，对红山、良渚、仰韶大墓随葬玉器，如果只是停留在类别、型、式的划分与描述，比较的结果只能发现三者的不同，而难以弄清为什么不同和反映了什么问题。正是在对三者进行过考古类型学研究之后，又将其放在所处社会大背景下，运用其他学科知识、手段，综合比较分析，才知道其间的区别可能是反映了在文明演进道路上所走道路、遵循模式的不同。

要弄清楚考古学与其他学科的关系，李伯谦认为，首先要对考古学有个清晰的定位。他曾经明确指出，无论是从考古学研究的对象、研究的指导思想方法，还是从研究的目的，它都应该是历史学的有机组成部分，属于人文学科的历史科学。因此，它和同属人文学科的哲学、文献学、文字学、宗教学、人类学以及社会学科的社会学、经济学、政治学、法学等都有密切的关系，在研究中，不仅要借鉴其研究方法，也要参考其研究成果。但我们也要看到，考古学虽属于历史科学，但并不等同于传统意义上的狭义史学主要以文献材料为研究对象，考古学以古代人们活动遗留下来的遗迹、遗物乃至遗迹现象为研究对象，这就有一个如何处理两者关系的问题。

李伯谦指出，人们对古史的认识，可分为三个不同的认知系统。一个是从口耳相传的传说史学到用文字记载的文献史学的史学系统；一个是考古学兴起以后出现的考古学系统；再一个则是从莫尔根的蒙昧、野蛮、文明，到马克思的原始社会、奴隶社会、封建社会、社会主义社会的社会学系统。虽然，三个系统提出和形成的时间不同，观察问题的角度不同，表达的方式不同，但都是对历史发展的一种认识，三者各有自己的优势和不足，三者应该互相借鉴学习，不应该互相否定。李老师特别提出，传说史学因为出现最早，确有荒诞不经的成分，但不能否认，其中有的也含有某些史实的素地。科学的态度，是对其进行可信性研究，剔除其糟粕，吸收其精华。

李伯谦还指出，在人文学科、社会学科、自然与技术学科日新月异的今天，考古学也不能固守地层学和类型学两个基本方法，必须主动、积极引进一切有助于更科学地去发掘和解析古代信息的自然科学、技术科学方法手段，并逐渐使之融合，成为考古学研究基本方法的有机组成部分。在这方面，中国社会科学院考古研究所考古科技中心为我们带了一个好头。如今，在各省考古研究所和博物馆、各高等院校考古系或专业，甚至一些地市级的考古文物机构，都成立了科技考古研究实验室，设置了从事考古科技工作的岗位和研究项目，开设了科技考古的课程。科技手段的运用，科技与考古的结合，极大地推进了考古学科的发展，已经并正在改变着考古学科的面貌。

李伯谦的学术生涯具有一个鲜明特色，那就是始终牢记考古学研究一定要上升到历史学研究。以往的考古学研究比较重视遗迹、遗物等物质遗存的研究，而比较忽视其蕴含的思想观念等精神领域的研究。李伯谦在自己的研究实践中，认为应该充分重视精神领域的考古，从对物的研究上升到精神文化的研究，这样才能对考古学文化及其反映的问题有一个全面的认识。

藝廊

▲ 2003 年，与白巍女士访问台湾时，与台北故宫博物院老院长秦孝仪、王度、黄光男、李庆平在一起

如何把考古学材料转化为历史研究素材，一直是李伯谦关注的问题。他说：

通过考古调查、发掘出来的遗迹、遗物乃至遗迹现象，是人们在生产、生活等各种活动中遗留下来的，而在特定时间、特定地域内发现的具有共同特征的遗迹、遗物的总和，即是考古学上所说的考古学文化。作为一名考古工作者，能够通过自己辛苦的工作发掘几处考古遗址，对遗址进行正确的分期，搞出一个考古学文化，无疑是对考古事业的重要贡献，但从考古学研究的整个的过程来看，并不能就此止步。考古学是历史科学的有机组成部分，而历史是人的历史，是人类社会发展的历史，历史科学的使命是要研究人类社会发展的规律，考古学研究仅仅满足于遗迹、遗物的研究，见不到制造、使用这些遗迹、遗物的人和由人组成的社会，怎么可以满足、可以止步呢？

考古学既要“见物”又要“见人”。李伯谦十分注重对考古学文化的族属判断，他在《考古学文化的族属问题》一文中，对这项工作的艰巨性和方法的重要性进行了深入探讨。他认为，判断考古学文化的族属，必须首先做文献的可信性研究，再从时代、地域、社会发展阶段、文化特征与

▲ 2004 年 4 月 28 日，在台湾逢甲大学讲学完毕举行的欢送晚宴上

文物制度、文化关系与族际关系等多方面加以考察，才有可能确定某支考古学文化是文献记载中的某族。

与其他学科一样，考古学是在不断发展变化的。随着考古学本身的发展，必然会对也在发展、变化着的自然科学、技术科学提出新的要求。试想，如果没有体质人类学的引入，我们怎能判断挖出来的人骨是男是女、年龄大小？没有碳十四测年技术，怎么能断定发掘出的文化层和遗迹、遗物的绝对年代？没有古动物学、古植物学的运用，我们怎么能知道发掘出来的动物遗骸是野生的还是家养的，发掘出来的稻子是栽培的还是野生的？没有 DNA 技术、成分分析技术的运用，我们怎么能知道发掘出来的人骨的种属和铜器是红铜还是锡青铜、铅锡青铜？

李伯谦指出，考古学今后的发展要注意以下三个方面。

1. 加强国际交流，大兴理论探讨之风，不断引进、借鉴国外考古学理论方法，在我们自己丰富的考古实践基础上总结提高，提出符合中国考古学发展需要的理论方法，指导我们的考古实践，是促进中国考古学跃升国际一流、持续健康发展的重要保证。

随着 1978 年改革开放国策的实施，考古学和其他学科一样，同西方学术界的交流日益频繁，国外考古学理论方法不断引入国内，极大地改变了中国考古学的面貌。但是，这些理论、方法毕竟不是在中国考古学的实践中产生的，它们也分为不同的流派，适用不适用、哪些适用中国考古学发展的需要，都有一定磨合、鉴别的过程。统统排斥，当然不对；一味照搬，也不可取。正像马克思主义中国化一样，国外的考古学理论方法也需要有一个如何与中国的考古实际结合的问题。但更重要的，李伯谦认为，我们还应该从自己的考古实践上进行总结提升，提出自己的见解。这样的理论、方法，用起来才不会生硬，才能解决实际问题，而且还可以不断修正、补充，做到日益完善。

2. 正确处理考古与文化遗产保护的关系，互相促进，相得益彰。古代先民遗留下来的遗迹、遗物等文化遗产，是考古学兴起与发展的前提，没有了文化遗产，也就没有了考古学。而考古学的产生和发展，也恰恰是文化遗产保护提出的要求。近代中国考古学之所以兴起，一个原因是建立科学可信的中国历史提出的要求，另一个原因就是看到中国文物古迹不断受到破坏和遭到帝国主义列强肆意盗掠而产生的保护的需要。新中国成立以后，随着基本建设项目和规模的不断增加与扩大，尤其是目前在全国范围掀起的如火如荼的新农村建设、城镇化运动，建设与文化遗产保护的矛盾日益激化。作为国家主管部门的国家文物局，针对文化遗产保护的严峻形势，提出了制定遗址保护规划、开展新的文物普查、建设考古遗址公园等一系列应对措施，发挥了一定的积极作用。事实上，文化遗产保护得好，考古才有空间和资源；考古做得好，文化遗产保护才能抓住重点，好钢用到刀刃上。

3. 做好公共考古。打破自我封闭的藩篱，揭开神秘的面纱，积极开展公众考古，让考古成果服务社会，才能使考古学真正成为人民的事业。

考古学的特征决定了它必须面对社会、面对公众。我们做野外调查大概都有这样的经历，当我们拿着几块彩陶片或绳纹陶片去请教当地村民，问他们什么地方有这种东西？他们马上会告诉你，村北或者村西不远就有，而且还会饶有兴趣地亲自带你去。当我们发掘时，常常会有群众围上来看，边看边议论，而且不时提些问题和你讨论，当你告诉他这是几千年以前老祖宗使用的东西时，他们会很自豪地说：“我们这地方可有历史啦！几千年以前就有人居住了。”有了这样的沟通，你再提什么要求，他们都会支持，因为他们理解了考古工作的意义。回顾中国考古历史，我们很早就有这个传统，每当发掘工作结束，都要在工地上办一次发掘汇报展览，向当地群众讲解发掘的收获和意义。过去没有“公众考古”的说法，但做的就是公众考古的工作。

李伯谦说：“总结十余年来的经验，我认为，做好公众考古应从以下几个方面入手：

第一，深刻认识公众考古学对考古学科建设的意义，以及对促进社会发展和提高人民群众文化水平、道德修养的意义，积极主动开展公众考古；

第二，在保证文物安全的前提下，有计划地组织公众参加考古调查、发掘作业，培养参加者热爱文物考古事业的兴趣和感情。

第三，及时将调查、发掘成果用公众喜闻乐见的形式展示，并向公众作浅显生动的讲解，随时回答他们的提问，组织和他们座谈。

第四，编写图文并茂、浅显易懂的考古科普读物，设立普及文物考古知识的网站，组织拍摄文物考古影视作品，举办考古公益讲座。

第五，积极参加遗址保护规划的编写和考古遗址公园建设，定期召开公众考古研讨会。”

考古要为社会主义建设服务，这是理念。李伯谦从 5 个方面论述，传承、创新华夏文明，是实现中华民族伟大复兴梦想的基本保证。

1. 自然、社会和人类自身是不断变化的。作为先秦典籍“十三经”

▲ 2010 年访问韩国首尔大学时，与任孝宰教授及中国留学生金英淑在内藏山合影

震旦藝術

▲ 2012 年，上海震旦艺术博物馆开幕时，与陈永泰董事长夫妇等合影

之首的《易经》，是古代先哲对自然、社会和人类自身变化规律认识的哲学总结，认识、掌握这一规律，便可审时度势，与时俱进，否则必将被滚滚向前的历史车轮所抛弃。

2. “天人合一”思想。天，指自然界及其运行规律；人，指人类自身和人类社会。人和人类社会都是自然发展到特定阶段产生的，人的发展和人类社会的发展，必须服从、适应自然的发展。违背自然发展的规律，破坏自然发展的规律，必将受到自然的惩罚。

3. 中和观念。孔子的孙子子思所著《中庸》一书中说：“中也者，天下之大本也；和也者，天下之达道也。致中和，天地位焉，万物育焉。”什么是“中”，解释各有不同。按照我的理解，天下万物，无论是自然界还是人类社会或人类自身，各安其位，各得其所，就是中，中就是事物的平衡状态。只有求得中，才能达到和。

4. 礼、法共治。礼和法在氏族、部落社会中萌芽，进入阶级国家社会时逐步形成并不断发展。礼是对上层社会不同阶层人们的行为规范，法是对下层社会人们行为的强制性约束。所谓“刑不上大夫，礼不下庶人”，明确表明了礼、法的功能和区别，在漫长的阶级社会中，正是运用礼制和法制，才保证了社会的正常运转。

5. 忠、孝、仁、爱、信、义、和平等，是长期实践形成的一整套处理个人与国家、个人与集体以及人际关系、少长关系等的道德伦理观念。社会是不停向前滚动的机器，这些道德伦理观念，就是保证这架机器正常运转的润滑剂。

李伯谦还从四个方面论述，实现中华民族伟大复兴，需要牢牢把握住大的方向。

第一，中华民族的伟大复兴，不仅仅是经济的复兴，更是文化的复兴。只有文化强大了，我们才能真正成为世界强国，真正雄立于世界民族之林。

第二，中华民族的伟大复兴，取决于全国各族人民对中华民族的认同。中国有 56 个民族，中华民族是历史发展所形成，团结一心，合力奋斗，才能达到此一目标。

第三，中华民族的伟大复兴，基于全国各族之间的平等、团结与和谐。这是中华民族获得各族人民认同的条件，也是实现中华民族伟大复兴的保证。

第四，中华民族的伟大复兴，关键在于其核心价值观的普及与实践。这一点做到了，才能保证中华民族兴旺发达，永葆青春。

传承华夏文明，共迎中华民族伟大复兴，是新时期赋予我们的光荣使命，为实现这一崇高目标，我们必须提高认识，牢牢把握住大的方向。

操守与情怀：
思想光辉和价值观

回望大师，心有灵犀。

感悟大师，温情敬意。

作序：学生、朋友，理性与感性。

书信澄怀。故情犹在，恰同学少年。

“为祖国健康工作五十年”，唤起历史，触动现实。

心系嵩山文明。

李伯谦从北京大学考古系走来，回望身后，那里有马衡、胡适、向达、苏秉琦、阎文儒、宿白、邹衡、吕遵谔、俞伟超、严文明。李伯谦说，老师的学术精神和成果令人肃然起敬。从首任考古研究室主任马衡，继任代理主任胡适，古器物整理室时期主任向达，到考古专业成立首任教研室主任苏秉琦，首任考古系主任宿白，继任系主任严文明，以及和他们同时的各位老师，无一不是在各个领域各领风骚、做出杰出贡献的学者。

对老师们在课堂上启发诱导的重要性，李伯谦深有体会。北大考古系的教材，有吕遵谔老师的《旧石器时代考古》、邹衡老师的《商周考古》、苏秉琦老师的《秦汉考古》、宿白老师的《魏晋南北朝隋唐宋元考古》等。这几位老师的学养培育和影响了他，李伯谦终身不忘。

还有享誉国内外的大师饶宗颐，李伯谦请他来北大，又与他合作，还曾以万字文“感悟”饶宗颐，赞扬学术大师的风范。李伯谦告诉我，季羡林找到他说:“李老师您抽时间把饶宗颐请来，讲课，合作。现在大师满天飞，饶宗颐才是真正的大师。”2003 年至 2005 年，李伯谦与饶宗颐先生合作广东东江（即榕江）先秦考古项目。那是 2003 年，经李伯谦与广东省文物考古研究所、深圳博物馆、揭阳博物馆、中山大学历史系与人类学系沟通，2004 年提出了“古揭阳（榕江）先秦两汉考古学文化综合研究”课题，组成了以饶先生为顾问的课题组，李伯谦任组长，曾骐、邱立诚任副组长。2003—2005 年，在饶先生指导下，先后完成了《揭阳的远古与文明——榕江先秦西汉考古图谱》和《揭阳考古 2003—2005》两部著作，基本勾画出从旧石器时代晚期至公元前 214 年秦统一岭南、粤东古文化发展的脉络。

如果说李伯谦对北大诸老师总是怀着一颗感恩之心，那么他对饶宗颐先生的评价更富理性色彩。他认为，饶先生的建树有五个方面。第一，博览群书，熟读先秦典籍，打下了国学坚实的基础。第二，形成了自己学术道路上不断创新的风格，涉猎范围甲骨、帛学、文学、哲学、诗词、绘画……无所不包。第三，既重文献，又重野外调查和考古。第四，重视域外学术交流，不断获取学术信息。他先后赴日本、美国、法国、德国、英国、意大利、瑞士等国家参加学术会议，或考察、执教，屹立于国际学术潮流发展前沿。第五，注重研究方法，敢于推陈出新。他对自己以往研究结论，敢于用新

▲ 2010 年 9 月 14 日摄于浙江绍兴蔡元培校长故居雕像前

▲ 1985 年秋，与赵朝洪老师一起参加北京大学文物爱好者协会组织的中国文物法宣传

的研究成果加以修正和否定，也敢于以新的研究成果，对别人包括自己崇敬的学术大师的权威论断提出挑战。

我认为，在治学方面，李伯谦先生有六个方面给我辈以启迪。一是要打好国学基础。以文、史、哲为核心内容的国学，是几千年来中华传统文化的结晶，今天的文化，是昨天文化的发展；昨天的文化，是前天文化的发展。二是要了解学术史。我们提倡读书，但反对读死书，死读书。三是既要读，又要写。读是累积知识，发现与思考问题，写是整理思绪，解决问题。四是力戒封闭，广泛交流。学问学问，既学又问，问老师，问同学，问朋友，问就是交流。五是牢记三重证据法，不断扩展研究渠道，不断推出创新成果。三重证据法（注：三重证据法指文献史籍、考古发掘、古文字资料，一说加上民族学、民俗学、人类学资料）是长期研究实践在方法论上的总结，它既增加了证据来源的多样性，也保证了论证过程的严密性，从而使论断具有更强的科学性、更多的可信性。如饶宗颐，往往发别人所未发，具有创新的意义。六是尊重他人的学术观点，但对自己不认可的绝不苟同，包括老师的观点。

上述第六点，有例为证。关于文明的起源与形成，李伯谦与一些大家意见相左，张光直先生1984年在北京大学所作《考古学专题六讲》（生活·读书·新知三联书店 2010 年版）中专门列了一章，试图用美国考古学家约瑟夫·考德威尔 1964 年提出的文化交互作用圈理论，来解释中国文明的起源与形成。

诚然，在距今4500年至4000年前，以黄河中游地区为中心，考古学文化之间确有交互作用频繁与加强的趋势，无疑对文明的形成起了加速作用，但这似乎还不是中国文明形成的根本原因，也还没有找到中国文明区别于其他文明的特点。1999年，张光直和徐苹芳先生合写的《中国文明的形成及其在世界文明史上的地位》(《燕京学报》1999年第6期)一文，明确提出，中国文明的产生是逐渐通过政治程序所造成的财富极度集中实现的，是连续性的；而作为西方文明源头的苏美尔文明的产生，则主要取决于科技经济领域的发明和发展，是突破性的。

李伯谦认为，将连续性和突破性作为形成中国文明与苏美尔文明的不同特点是正确的，但将中国文明的形成归结为政治因素，将苏美尔文明的形成归结为经济科技因素却未必正确。纵观从距今6000—3500年中国腹心地区新石器时代文化到初期青铜文化的发展，社会每前进一步，都与经济技术的发展、财富的增加密不可分。政治因素对财富的集中可能起了重要作用，但其前提同样是经济技术的发展，因为，经济技术的发展才能带来可以被“集中”的财富。

苏秉琦先生根据中国考古学的实践与思考，提出来“满天星斗”说、“多元一体模式”、“古国·王国·帝国三个阶段”说、“原生型、次生型、续生型”三类型说，以及研究程序的“古文化·古城·古国”三个步骤，成为研究中国文明起源与形成的指导理论和方法。限于当时发现的材料，苏先生将红山文化以坛、庙、冢为代表的文明称为“原生文明”，将仰韶文化孕育的文明视为“次生文明”。后来，河南灵宝西坡仰韶文化大型房基和大型墓葬的发现，对中国古代文明起源问题提出了重新评估的可能。

李伯谦委婉地说，苏秉琦先生“限于材料”，将仰韶文化孕育的文明视为次生文明。如果苏公健在，亲眼见到河南灵宝西坡仰韶文化大型房基和大墓，一定会对新发现做出新的评价。在他的文章《中国考古学思想发展史上的一场革命——重读苏秉琦考古学文化区、系、类型理论札记》中，李伯谦写道：“在中国文明起源形成发展类型上，我虽然不同意苏秉琦先生将中原文明说成是次生文明，但原生、次生和续生三类型的确是存在的，尤其是他对续生文明的分析，是极有说服力的。”

李老师带学生有两个特点。第一个特点是重大遗址发掘都派去领队、主持。新砦遗址他派博士后赵青春，李家沟遗址他委托王幼平，东赵遗址

▲ 1986 年 4 月，与研究生何驽从荆州出发，乘船溯长江而上，赴广汉参加“三星堆学术讨论会”，摄于正在航行的江轮上

他派去的是雷兴山，三位早已是教授了。顾万发院长则是李老师的“随身”学生，织机洞遗址、老奶奶庙遗址、东赵遗址，他都有幸追随李伯谦去发掘。

第二个特点是为学生的著作写序。李伯谦老师带本科生、研究生、博士后数以百计，他为学生、朋友论著写序 80 余篇。他说，为学生写序既肯定其好的，同时也指出其不足。

仅举几则李伯谦为他人所作的序。

为雷兴山《先周文化探索》写序，是一种文学的铺陈手法，先说先周文化研究已有 80 年的历史，一代又一代考古工作者围绕与此相关问题所展开的一系列工作，诸如丰镐、周原、碾子坡、周公庙等遗址的发掘及研究，不断推进着探索先周文化课题的发展。写到这里李老师笔锋一转：“而我们即将翻开的一页，即是摆在我案头的雷兴山的专著《先周文化探索》一书。”

十几年的考古发掘，雷兴山从满头黑发的青年，在周原发掘时长出第一缕白发，到发掘周公庙遗址，已是头发花白。

白了少年头，却独开雄心。李伯谦评价他“清晰地梳理了从考古学上探索先周文化的历程”，“提出了进一步深入探索先周文化的思路和技术路线”，

▲ 2003 年 10 月，在周原遗址与参加发掘的雷兴山老师合影

▲ 2000 年，在北京大学鸣鹤园与应届博士毕业生合影

此为其一。其二，“提出了与探索先周文化相关遗存五期 10 段的分期体系，树立起了统一的年代分期标尺”。其三，“总结提出了区分先周单位与西周单位的判断标准”。其四，“提出了与探索先周文化相关遗存的分类体系”。建立在丰富资料基础上的新的比较系统、完备的分期体系和分类体系的得出，是参与先周文化探索的考古工作者共同努力的结果，但雷兴山的整合工作，无疑发挥了重要作用。

李伯谦为雷兴山所作的序，文中说了三个问题。

一是关于雷兴山的“背景说”，即“考古背景”。雷兴山认为，在考古学文化谱系已基本建立而有关聚落考古的研究尚很遥远的情况下，今后有关族属判断等相关研究，应由以往的“器物本位”转变为“背景本位”。李伯谦立即表态：“他的批评是对的，他的呼吁是应该引起重视的。对此我完全同意，完全支持。”

二是雷兴山在几种不同观点面前，仅说自己的观点是诸种选项中的一项而已。李伯谦说：“我相信这不是言不由衷的客套话，而是他内心真实的想法。我同意并支持这种实事求是的科学态度。”

三是李伯谦评价先周文化探索是艰巨而又复杂的任务，“雷兴山先生的工作和成果推进了先周文化研究，达到了又一新的高度”。

孙庆伟是新一代的考古学家。他曾以散文形式记叙邹衡先生，情真意切，行文中又加注释，自成文风。孙庆伟的专著《周代用玉制度研究》，李伯谦为其写序。

▲ 2012 年考古系校友大会上，与段勇合影

李序讲了三个方面。第一，在众多研究者中，孙庆伟的《周代用玉制度研究》一书，无疑是周代用玉研究的重要的一部新作。这部书 30 多万字，配有 84 幅插图、200 个附表，分上、下两篇和结语三大部分。上篇是资料，是对周代墓葬出土玉器的复原和统一；下篇是分析，是围绕服饰用玉、瑞玉和丧葬用玉及其使用制度展开的研究；结语则是分析研究之后的综合研究，集中列出了作者的研究成果。

第二，肯定了孙庆伟的结论，并且指出，有新意的是“其他诸如对玉器中璜、珩的判别，对金文中“葱黄”“葱衡”非玉之解释，玉器中戈与圭为一物两名、玉含与贝含不同的分析。又如周代贵族大墓中常见的“山”字形铜片乃是文献中所讲送葬时“随柩车而行翣”之翣首的考证，对文献中玉有“六器”“六瑞”之说的否定等，无不具有新意，读起来犹如静坐品茗，饶有兴味。

这些富有新意的认识和论断的得出，固然与孙庆伟的勤奋、执着和持之以恒的精神有关，这从他在撰写论文过程中，对 3800 座周代墓葬随葬玉器一一做出复原统计，查阅了 429 部相关论著可见一斑。但同样重要的，是他善于思考，善于在研究中正确处理文献与考古的关系，以相关文献记载为线索，通过考古研究最后做出裁断。

涵蕴着历史哲理的玉，将孙庆伟引领到历史的深处，又走出历史，从他的书中可以品出玉的质地、玉的气息、玉的味道。

▲ 20 世纪 90 年代初，董新林在东北实习时，两人合影

▲ 2002 年，与博士毕业生宋玲平、蔡庆良合影于赛克勒考古与艺术博物馆前

第三，李伯谦对孙庆伟提出了要求。作为一名考古工作者，研究领域宽广得很，比较起来，玉器仅是一个很小的范围。即便玉器，一个人的能力也难以都研究清楚。况且本书中的一些论断还存在不同看法，是否真的如此，还需经得起检验，也有一些问题，例如柄形器究竟是何用途等，还没有能够提出明确看法。“因此，当我怀着和孙庆伟同样的心情为本书的出版感到高兴的同时，也希望孙庆伟进一步放宽视野，驰骋于更为广阔的学术研究领域，不断有新追求，不断有新成果问世。是为序。”

杜金鹏的《殷墟宫殿区建筑基础研究》有多重要，李伯谦在为此书写的序中说得明白：“不仅会把殷墟宫殿基址的研究提升至一个新的阶段，而且会改变学术界原有的一些不正确的认识。”李伯谦对杜金鹏这部专著爱不释手，他认为，这部书至少有 5 个方面对殷墟宫殿区的研究有所突破。

第一，全面系统地梳理了殷墟宫殿区建筑基址发掘和研究的历史。同时也客观地、实事求是地指出了以往在发掘和研究中存在的问题，纠正了由此导致的一些不正确认识。“就存在问题而言，正像本书所指出的，发掘中对地层关系关注不够，致使一些基址的年代、期别混淆不清。对夯土辨别能力不够成熟，致使不少基址未能完整揭露。采用‘掏心战术’见夯土就挖，致使一些基址仅留下础石而夯土消失殆尽。研究中限于基础材料存在问题和研究方法的局限以及过多的假设和推想，致使对一些基址的复原和功能性质的考证缺乏过硬的证据。”

第二，作者依据地层叠压、打破关系以及其他相关材料，一一重新考订了甲、乙、丙三组各建筑基址的年代，提出了甲、乙、丙三组基址皆始建于武丁，并经过后来的局部改建、新建，继续使用至乙辛时期。这一新论断纠正了以往做出的甲组最早、乙组次之、丙组最晚的结论。“杜金鹏先生对过去发掘的甲、乙、丙三组 53 座基址和后来发掘的 54 号（即丁组）基址统统进行了收集和重新分析，从而将各组基址的年代的推定放在了更为科学的基础上。”

第三，作者在确定各基址年代、复原其可能形状的基础上，探讨了基址内部和各组基址之间的组合关系。“杜金鹏长期在二里头、尸乡沟工作，在尸乡沟考古队队长任上，更是多座宫殿基址发掘的主持者，经验的积累、眼光的开阔促使他在研究殷墟宫殿建筑时，对殷墟宫殿的主体作出四合院形式的判断。而且，后来发掘的洹北商城一号宫殿亦是四合院结构，这就完全证明了这种判断的正确。”

第四，作者对 50 多座建筑遗迹完成考古学上的研究之后，结合有关文献记载，参考有关研究成果，认为它们是继承夏和商前期宫室建筑传统、遵循中轴对称、前朝后寝、左祖右社原则，通盘规划设计而成，甲组基址是寝，乙组基址为社，丁组基址为祖。“《殷墟宫殿区建筑基址研究》正确总结了前人的研究成果和存在的问题，厘清了研究思路和研究方法，从而得出了全新的结论。”

第五，杜金鹏提出，要重新阅读、核对、整理先前发掘资料和出土文物资料和出土文物；重新揭露原来发掘现场，确认地层关系和夯土结构。李伯谦评说：“要想弄清和回答殷墟宫殿建筑基址研究中一些悬而未决的问题，杜金鹏先生提出的建议是适时的，也是必须的。”

李伯谦的序近万字，冷静、严谨而有激情。他称小他将近 20 岁的杜金鹏为“朋友”。在充分肯定杜书的价值的同时，李伯谦也提了不少希望引起讨论的问题。

王文华是有作为的青年学者，他是《郑州大师姑（2002—2003）》一书的作者，李伯谦老师为该书写了序。

李伯谦以“大师姑二里头文化城址发现的意义”为标题，开篇写道：“在郑州大师姑发现二里头文化古城的消息，我很早就知道了。那大约还是 2002 年刚刚开始试掘，揭露出二里头文化层叠压夯土城墙的地层的时候，是古城的发现者和发掘主持者王文华打电话告诉我的，我当时真是激动极了。一来是因为，这座夏代的古城离我的老家沟赵乡东赵村只有十五六华里之遥，在我的老家居然有一座三千六七百年前的夏代的古城，作为一个考古工作者怎么能不感到自豪？”李伯谦对该书作了中肯的评价。

第一，“将大师姑遗址二里头文化遗存分为连续发展的五个阶段，不仅有可靠的地层和器物形态演变的逻辑依据，而且有二里头遗址成熟的分期标尺作为比照，是可信的，经得起检验的”。

第二，作者基于大师姑遗址的地望、城址的年代并联系有关文献记载，对大师姑城址性质所作的推断，限于目前的材料虽然还不能说是定论，对进一步的深入研究却颇有启发意义。

《商周时期车马埋葬研究的新进展》，是李伯谦为吴晓筠的《商周时期车马埋葬研究》所作的序。《商周时期车马埋葬研究》一书，是吴晓筠在她的博士学位论文基础上补充修改而成。1997 年，吴晓筠从台湾东吴大学历史系毕业后只身来到北京，以中国古代史考试第一名的成绩被北京大学考古系录取为硕士研究生，师从徐天进教授。她作的硕士论文就是有关古代车马器的。因此，如果从她 1999 年开始撰写硕士论文算起，到博士学位论文最终修改定稿交付出版，她围绕先秦车马埋葬课题作研究，已经整整十个年头了。

车马埋葬遗迹是商周乃至秦汉时期考古遗存的重要门类之一，随着 20 世纪 20 年代以田野调查发掘为特征的现代考古学传入中国，随着殷墟、浚县辛村等地的发现，从考古学角度研究这些遗迹，便成为考古工作者责无旁贷的任务。

李伯谦评价这部书具有以下几个显著特点。

第一，资料丰富。从殷墟发掘以来到 2008 年年底止，考古发掘出土的有关车马埋葬的资料，只要是已经公开发表的，基本都已收录。从该书参考书目可知，考古材料 1 项，共收入 278 部（篇）考古报告或简报；论文 1 项，共收入中文论文 125 篇、外文论文 18 篇。可以说，考古出土的车马埋葬相关资料无一遗漏，研究者提出的各种论断和观点无一遗漏，从而保证该书的研究有了坚实的基础。

第二，方法科学。掌握了丰富的资料，熟习了各种不同的观点，并不保证必然会得出正确的结论，关键是要有科学的研究方法和途径。概括起来说，就是首先进行类型学分析，再引入背景考古学。

李伯谦虽然对该书作了充分的肯定，但他同时也认为，其中有些见解可能离实际尚有距离，有些见解可能还需要有更多材料和证据予以证实。

《中国文物报》“书林”版之“专家解读”，李伯谦写了《齐鲁史前

▲ 20 世纪 90 年代，与刘绪、孙华、徐天进、刘明利及留学生合影于侯马考古工作站内

▲ 2012 年考古系校友大会上，与 1982 级部分同学合影

文化与三代礼器》读后感。现在读来，仍然感到十年前李老师严谨而冷静的文风，学术思想的高迈，鞭辟入里的分析，又有对后学的情怀在其中。

李伯谦谈道：“齐鲁书社出版的王永波、张春玲伉俪的新作《齐鲁史前文化与三代礼器》，洋洋洒洒，五十多万言，我一连读了三天，才读完。虽然还来不及细细琢磨研究，但它已给我留下了极为深刻的印象。这部书名为《齐鲁史前文化与三代礼器》，但它并不是对山东及邻近地区发现的史前文化和三代礼器的一般描述和介绍，而是紧紧扣住中华文明起源和形成这个话题，通过对齐鲁及相关史前文化谱系及其相互关系的疏理，对夏、商、周三代玉、铜等材质的礼仪用器来源进行分析，对中华文明进程进行深刻而系统的探讨的一部力作。”

李伯谦在“读后感”中，提出了两个重大问题，又肯定了作者的“方法论”。

第一，“不必讳言，在作者构建的中华文明进程框架中，过多地强调了以海岱即齐鲁地区为中心的鼎鬶文化系的作用，容易给人仿佛中华文化的发端皆始于海岱的印象。但总体看来，我们不能不承认，这是一个建立在有丰富资料和深刻分析基础之上的全新的系统，其中对许多问题的分析是客观的、实事求是的，不少论断是经得起推敲的，这一中华文明进程框架的提出，对于长期在学术界流行的中原中心论无疑是极大的冲击。它使人看到，在长达数千年乃至上万年的文化发展长河中，中原地区并不总是处于中心地位，它的文化的发展既有高潮也有低潮。中原龙山文化的形成，华夏民族的形成，夏王国的诞生，是中原与周边各不同文化、不同族团长期交往、碰撞、融合的结果”。

第二，关于用玉的传统，李伯谦认为，作者强调三代玉器的祖源不在中原地区是完全正确的。“我们知道，海岱地区，在大汶口文化和龙山文化时期，虽然有玉器的发现，但比起北面的红山文化和南面的良渚文化却不能同日而语。因此，过分强调三代礼仪用玉与鼎鬶文化系尤其是海岱地区的渊源关系，似乎根据不足。事实上，三代礼仪用玉的来源非常广泛，研究者需要有更宽广的目光，放眼于更广大的地域，才能更好地揭示其来源与形成的奥秘。”

“在下编部分，作者对文献中提到的瑞玉、礼玉进行了阐释，对考古发现的玉器中何为圭、璋作了判定。其所作结论是否正确，因为我不研究玉器，难以判断，但作者论证的逻辑是严密的。他提出的新见解，对于它的最终科学判定将是极大的推动，必然会迫使玉器研究者开动脑筋也给出自己的回答。”

李伯谦赞道：“在即将迎来‘十五’国家重大科研课题‘中华文明探源

工程’正式启动的今天，如何总结经验，深入开展扎扎实实的研究，《齐鲁史前文化与三代礼器》无疑是提供了一个很好的借鉴。”

李伯谦为杨永贺的祖上杨继盛《杨继盛全集》写序，看似另类，细想有其因果。李老师将热血之人杨继盛当成做人做事的楷模，所以，他能下笔千言，紧扣主题，以散文体，以感悟和敬畏之情写下了序文。录文如下：

李伯谦《杨继盛全集》序

杨继盛（1516—1555），字仲芳，号椒山，河北保定容城人。明嘉靖二十六年（1547）进士，授南京吏部主事，后改任兵部员外郎。继盛忠贞爱国，因弹劾对蒙古俺答部袭扰抵抗不力的大将军仇鸾，被贬狄道（今甘肃临洮）典史。期间曾帮民开煤山，卖掉自己的马匹和夫人的衣服、首饰，兴办学校，深受民众爱戴，尊为“杨父”。仇鸾死后，杨继盛平反，一年之中四次升迁，官至刑部员外郎。时奸相严嵩当权，欲拉拢继盛，推荐任兵部武选司。杨继盛嫉恶如仇，不为所惑，上任伊始即上书弹劾严嵩十罪五奸，谓“方今外患唯俺答，内患唯严嵩”。嵩与其子世蕃借故将继盛下狱，严刑拷打，百般摧残，嘉靖三十四年（1555）乘都御使张经、李天宠被判问斩之机，将继盛名字补上，矫旨处死。时继盛年方四十，临刑赋诗曰：“浩气还太虚，丹心照万古，生平未报恩，留作忠魂补。”令天下涕泣，到处传颂。继盛殁后十一年（1567），嘉靖病故，隆庆继位，杨继盛终获昭雪，谥“忠愍”。隆庆二年（1568），批准在容城、保定建祠，保留京城松筠庵故居，以为纪念。万历二年（1574），万历皇帝昭谕，将北京城隍庙神由文天祥改为杨继盛，加封杨继盛为“护国保宁王”。

杨继盛生前留有不少诗文，其不畏权势，仗义执言，诚如清世祖顺治皇帝所言“富贵不能淫，贫贱不能移，威武不能屈”的英雄气概，更受到历代士民百姓的赞颂和怀念。杨继盛被隆庆皇帝平反的次年，其同年好友、进士王世贞撰《杨继盛行状》，刊梓《杨忠愍公遗集》。隆庆三年（1569），杨继盛长子应尾刊梓《杨忠愍公集》。清康熙十二年（1673），四世孙揔（zǒng）福重刊《杨忠愍公集》。康熙三十七年（1698），章珏梓刊《杨忠愍公集》；容城胡彧、胡范父子梓刊《杨继盛自著年谱》。康熙四十六年（1707），梓刊《杨椒山集》。乾隆四十二年（1777），章珏版的《杨忠愍公集》被国家收入《四库全书》。道光二十三年（1843），杨继盛的九世侄孙杨天瑞在家乡北河照梓刊《杨忠愍公全集》。日本嘉永辛亥年（1851），日本学者丰田天功将流入日本的《杨忠愍公全集》更名为《杨椒山先生集》刊行。光绪

北京大学考古文博学院20
总理瓦杰

▲ 2003 年 6 月 25 日，与北京大学考古文博学院 2000 级博士毕业生合影

九年(1883),临洮魏嘉惠、周士林刊行《杨忠愍公全集》。光绪二十年(1894),杨继盛十四世孙杨定远校勘梓行《增辑杨忠愍公集》。民国二十年(1931),杨继盛十三世孙杨德敷在故里北河照补刊增辑《杨忠愍公全集》。2000年,陇西李氏祖籍临洮联谊会主编出版《杨椒山诗文集》。

1985年,我带学生赴保定徐水、定兴、涞水、易县等地考古实习,得识继盛公十五世孙、保定文物管理所杨永贺,引为知己。后永贺到北京大学考古系进修并协助工作,凡四年,接触更多,了解益深。永贺常以其先祖事迹激励自己,工作勤勤恳恳,对人一片热心。自20世纪90年代起,他便注意收集杨继盛文集未收之遗文和有关资料,并参照其他版本对自己收藏的道光癸卯北河照版的《杨忠愍公全集》进行了校对,查阅了大量的文史资料,经过二十几年的不懈努力,终于完成了这部新校、新注、新增辑的《杨继盛全集》稿本。

该书收入杨继盛画像、手迹、印章及有关资料图版四十五帧,除前言、序和附录,分为五个子集。标题均选自杨继盛诗中佳句,既富文采,又与内容十分贴切。第一集“铁肩担道义 辣手著文章”,收入杨继盛的《请罢马市疏》和弹劾严嵩的《请诛贼臣疏》,另有李贽《评杨继盛疏奏》、杨继盛夫人张贞和临洮张万纪的《救杨继盛疏》及清人崔缉麟写的《蒋公缓刑疏略》。第二集“生前未了事 留于后人补”,收入杨继盛临行前一夕及临刑时对妻儿的交代和遗嘱、杨继盛自著《年谱》及其子应尾、应箕《跋》和清代梓刊《年谱》时的《序》、十五世孙杨永贺《杨继盛年谱后续》。第三集“宇宙谁知己 环城别有春”,收入杨继盛为名人所作祝寿文、朋友往来书信、祭文及所作诗。第四集“疏灯暗客梦 佳兴带愁吟”,收入杨继盛狱中所作诗及皇甫方《评杨继盛的诗》和蒋一葵《读杨公临刑诗》。第五集“身后褒贬 生前曲直 丹心留取史官书”,收入杨继盛被害后,明清以来各种祭文、碑碣、历代刊行文集序跋、诗颂、杨继盛联语及各纪念性建筑上的楹联等。最重要的是,十五世孙杨永贺根据明史资料,把《杨继盛两劾权奸的前前后后》的历史背景公之于世,向探索历史真实的读者们揭示了嘉靖王朝的宫廷秘闻以及官府内幕。

该书与明、清及以后刊行的各种版本的杨继盛文集相较,有四个鲜明特点:

一是内容全。除继盛公自己的作品,与其有关的各种遗文,凡能见到的,不论长短,悉数收入。

二是体裁新。将书中所收文字,分为五个部分,各有侧重,且将继盛公文与他人所写相关作品一并编入，主题更为突出，内容更为充实。

三是新增多。内中杨永贺《杨继盛年谱后续》《杨继盛两劾权奸的前前后后》，毛泽东《谈杨椒山先生的诗》，陇西李氏祖籍临洮联谊会编《杨椒山诗文集》，新出土的《明故张安人墓志铭》，美国纽约图书馆藏《游天华山图引并序》，哈佛大学燕京学社汉和图书馆藏的杨继盛弹劾严嵩的初稿手迹，光绪二十六年英籍八国联军摄于保定杨继盛祠堂照片等，均是新收入的研究杨继盛难得的史料。

四是校勘精。编校者以多种版本互校，纠正了多处讹误和错字、别字，并作了分段、加了标点，由古老的竖行改为现代的横排。对古老的繁体字、异体字，统一改为规范的现代汉字。对重大的历史事件、历史人物以及难懂的字、词作了注释，并对古代的甲子纪年注入了公元纪年，使读者一目了然。

尤为可贵的，杨永贺还以一位考古工作者的特有眼光，增加了许多有关的文物古迹的介绍和照片。

总之，这是一部以全新面貌问世的《杨继盛全集》。

我读该书，深为杨继盛的精神、事迹所感动，我常想，五千年来，中华民族之所以能克服各种危难，在世界民族之林中永远立于不败之地，很重要的一个原因是，历朝历代都有一批像杨继盛这样敢于抗争、敢于担当的仁人志士，不断在矫正和坚持着国家民族前进的方向，他们是真正的民族的脊梁，他们的精神就是中华民族的精神，这种精神永远不会过时，永远值得发扬。

我同时还要感谢好友杨永贺，是他的赤诚和坚持，克服种种困难，经过二十几年的不懈努力，终于完成了这部将永垂青史的著作。杨永贺作为杨继盛的后人，做这件事情责无旁贷，但我想，这时的杨继盛已不再仅仅是血缘上的北河照杨氏的一员了，而是属于全民族。作为杨继盛的出生地的政府文化部门，难道没有想过这也是自己任上分内应做的工作吗？杨继盛在临洮仅工作了一年多，当地的民众和领导还常常念着他的好，纪念他，还想恢复当年的超然书院，作为杨继盛家乡的人，看着杨继盛的祠堂等文物古迹被毁，不闻不问，心里能够平静吗？我认为，继承优秀的文化遗产，大力发展社会主义的文化事业，建设和践行社会主义核心价值观，是党的十七大以来确定的国策的有机组成部分，抓住机遇，充分利用好“杨继盛”这份资源，把当地的文化事业搞上去，是义不容辞的光荣任务。

永贺嘱我作序，以我之功底实不敢当，但继盛公的英雄事迹和大无畏的精神时时在鼓舞着自己，为了表示对继盛公的崇拜和尊敬，决定丢掉一切杂念，接受这一光荣任务，经过对书稿的反复阅读、钻研，写出了以上文字，自知错谬难免，敬请读者批评指正。

李伯谦老师为他的学生著作写序，并且委以大遗址发掘的主持、领队重任，同样是为人师表的精神风貌和学术风貌。

1999 年，李老师将“夏商周断代工程”之新砦遗址的发掘交给赵春青主持。赵春青在北京大学读严文明先生的博士时，就是学生中有名的诗人。他一心要当作家，李伯谦老师对他讲：“你还是搞考古吧！”1999 年赵春青获得博士学位后，进入博士后工作站，李伯谦是他的合作研究导师。一天，李老师对他说：“作家，我给你两万块钱，你现在带几个人去发掘新密新砦遗址。”当时，赵春青甚至都不知道新砦为何物。后来，在这里发现了一座面积约 100 万平方米、拥有城壕和大型建筑的夏代早期城址。从 2002 年起，赵春青又参加了“中华文明探源工程”，写出了《新密新砦：1999—2000 年田野考古发掘报告》，2008 年由文物出版社出版。

2010 年，“中华之源与嵩山文明研究会”（下文简称“研究会”）在郑州成立。其学术委员会由全国高等院校，科研所的知名历史、考古专家组成，研究会第一次会长办公会一致通过李伯谦为学术部主任。

研究会立足中原，探寻华夏文明、农业起源、城市起源、国家起源；同时开展学术活动，培养年轻人，其中学术课题专设青年课题。研究会成立 6 年来，资助出版“嵩山文明研究丛书”多部（《中华之源与嵩山文明》（论文集 2 部）、周昆叔《嵩山行》、赵富海《历史走动的声音——“天地之中”历史建筑群申遗纪实》、李维明《郑州青铜文化研究》、陈隆文《郑州历史地理研究》、鲍君惠《宋代的郑州》、索全兴《中华文明本源初探》、李新洲《中国登封窟》、徐海亮《郑州地理环境与文化探寻》、郑杰祥《郑州商城与早商文明》）。设立 147 个研究课题，已结项 40 个课题。其中 6 个重点课题：王巍《嵩山地区文明化进程与华夏文明的形成》、王幼平《东亚现代人起源——以嵩山为中心的研究》、杭侃《中国古代城市发展史——以中原地区为中心》、莫多闻《嵩山文明形成与演化的环境基础研究》、王文超《中文化论纲》、刘太恒《中华传统中文化研究》，对中华之源与嵩山文明研究起到了极大的推动作用。

此外，研究会还召开了八次大型学术研讨会，即“嵩山文明与中国早期文明暨纪念‘天地之中’历史建筑群申遗成功一周年学术研讨会”、“华夏历史文明传承创新新区与‘天地之中’学术研讨会”、“中国早期城市与文明暨2012年中华之源与嵩山文明论坛”、“筹建族姓迁徙博物馆项目研讨会”、“纪念登封玉村二里头文化遗存发现60周年研讨会”、“2013郑州中华之源与嵩山文明研究会年会暨嵩山文明与早期中国学术研讨会”、“2014郑州中华之源与嵩山文明研究会暨嵩山文明与中国早期聚落研讨会”、“夏商周时期的中原与周边——纪念郑州商城发现60周年暨韩维周、安金槐、邹衡先生学术成就研讨会”。

2016年5月21日，首届中国考古学大会在河南郑州召开。作为中国考古专家的唯一代表，李伯谦在大会开幕式上做了重要发言。

杨永贺曾任河北省保定市徐水文物管理所所长，他修补文物器件有绝活儿。杨永贺回忆，初识李老师是在1985年，他的学生沈勇到保定地区研究生实习，发现了大马河遗址，挖掘出好多东西，他用公用电话请李伯谦过来。李老师来后，沈勇介绍说：“这是北大教授，我的导师李伯谦。”我一听是北大教授，就问这问那，他在这儿待了三天两个晚上，睡的是大坑。我陪李老师两个晚上，第三天他要走，我不舍。他握着我的手说：“热情很高，知识欠缺。希望不希望到北大深造？”我说：“太想了，做梦也没做过这样的梦。”1986年的暑假，李老师来信说“来北大学习两年”，我高高兴兴去了北大。

杨永贺与李伯谦交往，通了很多信。1986年的是第一封，这么多年一共6封，其中5封是钢笔字，一封是用毛笔写的。还有一封信，杨永贺记忆犹新，面对我的访谈，他情绪很激动，眼里有泪花。他说，有一年，李老师在广州开会，接到母亲病故的家书，但他要在大会发言，回不去郑州，他给我的信中说，老人弥留之际，我回不去；老人故去，我回不去！李老师含泪给我写了这封痛苦自责的信，我接到信哭了。杨永贺先生回保定后，给我寄来了李伯谦老师的6封信，限于篇幅，不再赘述。

杨永贺还给我讲述了李伯谦老师的一件事。1988年6月的一天，暑假即将来临之际，李伯谦老师对杨永贺说：“我的几个研究生，下学期要到考古一线去实习，放了暑假就准备出发。7 名学生各自都有了发掘地点，其中有一名女学生，叫张翠莲，她是西北大学本科考的北大，缺乏考古实习的经历。一个女孩单独出去半年，不但发掘工作困难重重，而且自身安全没有保障，我实在放心不下。如果让她和其他男生共挖一个遗址，论文实在难写。写得过于一致，必有相互抄袭之嫌；写得相互矛盾，对双方互有影

北京大学

第　　页

永贺：

你好！接你来信已近个月，我经过多次考虑，本周在系行政办公会议上我正式提出了你的问题，经研究基本同意接收你来工作，但因时过境迁，户口、正式工作关系都有困难，所以你真的走上这一条路，家里问题怎么处理，这些都是非常实际棘手的问题，因此我还是建议你冷静思考一下，权衡利弊再作最后决断。为了处理好这件事，我想你们俩再来趟学校，详细谈一谈，否则就这么定了，将来出现什么不满意，我也会於心不安的。说真的，[illegible]

年　　月　　日

响。左思右想，只有让你陪她去，我最放心。第一，你的人品我放心；第二，你有考古发掘经验；第三，你无须写论文，没有竞争。只是耽误你半年的进修时间，你考虑能去还是不能去呢？”杨永贺明白李老师的意思，也为遇到如慈父般的师长而感动，二话没说便答应下来。

1988 年 7 月至 1989 年 1 月，杨永贺带着张翠莲，到河南夏邑县清凉山

北京大学

第　　页

装

订

线

年

遗址进行考古发掘，并为其完成考古绘图以及文物修复诸项工作，使张翠莲顺利毕业，走上工作岗位，现在她已经是河北师范大学的教授了。

2016年，李伯谦79岁。作为一个学者，李伯谦照样有凡夫俗为。李伯谦的俗为，有亲情，有友情，有同窗之谊。他将不多的讲课费寄回，贴补家用，以帮助兄弟。他能买上一块牛肉带回家，以孝敬父母。自己的衣着打扮全由女儿包揽。他到处讲学，却不愿给别人添麻烦。

半个多世纪，暮风秋雨，大地山川，沉淀了李伯谦的人格，塑造了他的性格，他与他的同学、朋友，他们曾一同观照华夏文明绚丽的天空和广袤的大地，在"为祖国健康工作五十年"之后，又健康地继续为祖国工作。

2015年4月6日，"中华之源与嵩山文明研究会第八次学术研讨会"闭幕。在嵩山饭店天中楼门前的小广场，李伯谦与郝本性、郑杰祥、杨育彬合影。四位同是北大历史系考古专业同学，年龄都在70岁以上，郝老已届80。"恰同学少年，风华正茂。""老夫喜作黄昏颂，满目青山夕照明。"

郑州市文物局任伟局长说，郝老师、郑老师、杨育彬老师若在北京，一样是国家级专家。李伯谦说，郝本性是我们几个唯一的研究生，他师从唐兰，很全面，他担任河南省文物考古研究所所长多年，河南省境内的几处大遗址都是他率队发现、发掘的。

郑杰祥多年在河南省社科院考古所、历史所工作，是资深研究员。他从事郑州商城研究，其《郑州商城与早商文明》是中华之源与嵩山文明研究会的重点课题。他总是操着一口家乡话，和蔼可亲，待人接物彬彬有礼。郑老师在《郑州商城在早商时期的核心地位》一文中写道："早在远古时代，当波涛汹涌的黄河，携带大量泥沙，穿越龙门峡谷和三门峡谷，滚滚东去，到达今河南省荥阳市区桃花峪一带之后，就开始进入广阔的华北浅海，久而久之，黄河携带的泥沙沉淀，部分的沧海，逐渐变为大片桑田。桑田中的明珠，就是著名于世的河南省会郑州市，我国八大古都最早的一座古都郑州商城，就坐落在郑州市区中间。"

杨育彬曾担任河南省文物局副局长、国务院津贴专家，他长期担任省考古研究所所长。杨育彬的《郑州商代遗址》，系统地、图文并茂地对郑州商代遗址作了介绍、评说。这是一部对后学有着启蒙意义的专著，它在研究郑州商城历史占有很重要的地位。2015年第6期《黄河黄土黄种人》

▲ 1963 年 2 月，与郑杰祥、杨育彬摄于河南省文化局文物工作队（中为李伯谦）

杂志刊发了杨先生的《郑州商城的几个相关问题的探讨》，读后深感一位学人的治学精神的执着。

同是北大学友的李伯谦、郝本性、郑杰祥、杨育彬，在嵩山饭店天中楼前的合影，是一次友情的盛会，是几十年如一日的同窗、同道、同志，是他们的哲学和生活方式。

李伯谦的同学之谊，还表现在他对“走了”的同学的怀念。2015 年 6 月 1 日上午，朱非素先生与世长辞。2015 年 6 月 12 日，《中国文物报》发表了李伯谦怀念大学同学朱非素的文章。录文如下：

6 月 1 日上午，我女儿以低沉的声音告诉我，古运泉叔叔发来短信说，朱非素阿姨早上走了。我的心像突然停止了跳动，一下子凉了下来。尽管我知道她得了不治之症，但没想到这一天会来得这么快。因为 2 月 3 日，我和老伴、女儿飞到广州去探望她的时候，在北大毕业同学聚会上她还有说有笑，满怀信心地说：“手术做得不错，现在就是调养等待恢复了。”

我和非素是大学同班同学，不仅一起听课，还一起参加了 1958 年暑假由吕遵谔老师带队的周口店旧石器时代遗址的发掘。1959 年上半年，由李仰松和白溶基老师带队的陕西华县泉护村南台地及元君庙仰韶文化居址和墓地的发掘实习。1960年春天，由1956级、1958级、1959级三个班组队，参加了怀柔水库发掘战国秦汉墓葬的勤工俭学。1960年下半年，我们班由阎文儒、宿白两位老师带队，赴大同云岗、上下华严寺现场参观专题实习。1961年毕业时，因赶上三年灾害未能及时分配，我、朱非素、徐自强、何纪生几个同学还暂时被安排到昌平雪山，随1958级同学参加发掘实习，年底前，朱非素才和何纪生陆续被分配到广东省博物馆工作。

非素没有上过正规的中学，上小学时就参加了部队文工团，随中国人民志愿军赴朝鲜慰问演出。1956年刚复员不久，便响应党中央发出的“向科学进军”的号召，报考了北京大学历史系，而且以合格成绩完成了由一名解放军战士向大学生身份的转换。非素非常聪明，但她也深知自己基础较差，有先天的不足。所以她学习起来比我们一般同学更用功，凡遇不懂的问题，她总要“打破砂锅问到底”，非弄明白不行。她刻苦学习上是我们的好榜样，平时生活上则是大家的好朋友。无论是参加劳动、开运动会还是实习时同当地村民或兄弟院校同学联欢，她动听的歌声和灿烂的微笑，总能鼓起全班同学的情绪和斗志，增进大家的团结和友谊。在北大历史系，无论哪个专业哪个班级，那时只要一提起朱非素，没有不伸大拇指的。

工作以后，朱非素和别的同学一样，也不是很顺利。“文革”十年浩劫，她大部分时间是在粤北涟阳煤矿度过的。一个男子汉壮劳力天天下好几百米的地下挖煤，尚且感到体力难支，一个女同志，你再坚强，也难以抗拒体力和精神上的压力。那时，我们通过信，我很同情她的处境，但也束手

▲ 20世纪80年代，考古班同学在广西桂林参加学术会议后，与张忠培先生一起泛游漓江（从左至右为张学海、杨育彬、郝本性、张忠培、李伯谦、齐心、朱非素）

无策，无法助她一臂之力，只有说些不痛不痒安慰她的话：“总有出头之日，重搞自己喜欢的考古工作的机会。”

1975 年 5 月，她终于结束了“锻炼改造”，回到广东省文物考古研究所。为了弥补十年被白白浪费掉的时间，她拼命地工作，全身心地投入了遗址的调查、发掘，粤北石峡、南海鱿鱼岗、淇澳岛、三水银滩、中山武穴等遗址，都留下了她的身影。她不仅动手，更勤于动脑，围绕着这些发现，她撰写了许多篇文章。关于石峡遗址的分期、石峡三期和吴城文化的关系、浮滨文化的性质和年代，我在和她的通信中都有过讨论。我从她的文章和与她的讨论中，受到不少启发，学习到了许多东西，我深深感受到她对考古学基本功地层学和类型学的重视和熟练。那时她已当了副所长，从文章中也可看到，她除了这些个案的研究，还有基于全所工作对全省考古学发展的考虑。

1979 年香港大学美术馆编辑出版《东南亚考古论文集》，上有朱非素的《广东考古新发现的几点思考》一文，体现了她对广东全省考古的总体把握和发展方向的部署。2003 年至 2005 年，北京大学震旦古代文明研究中心受饶宗颐先生委托，做“广东东江流域先秦两汉考古学文化研究”课题时，我曾专门向她请教，她毫无保留地谈了广东全省几大区域考古学文化发展的脉络，对东江流域讲得更细更深，我在此基础上写成的《粤东地区文明化进程的考古学考察》一文，吸收了她的许多真知灼见。无论是从她作为一名研究员，还是从她曾做过副所长那个角度看，她对广东省考古工作做出的贡献都是巨大的。非素和她的同事们的努力，还引起了外单位的注意。2013 年，广西博物馆的韦江采访过她之后写了一篇《广东文物考古工作新成果的考察与思考》，借鉴了广东考古工作不少的经验。

朱非素在学术上、工作上是如此，在待人接物、处理同事关系上也是如此。她的爽朗直率在所内有口皆碑。她发现谁有毛病，总是当面指出，要你改正。我看到过她所内一名小青年写的回忆文章，一次发掘时划分地层，因为土色不好辨识，他一会儿弓背弯腰，一会儿俯地趴下，总是划不好，被她看见了，当即就冲着这位队员喊：“哪有这么划地层的！你不蹲下仔细琢磨，怎么能划出来？”然后，自己就以身作则，蹲下示范。这虽是小事，但以小见大，这样的领头人带出来的兵怎能不过硬。

朱非素作为一名北大考古毕业生，对母校的老师和同学总是充满挚爱之情。1985 年，严文明先生带领 84 级考古班的沈岳明、吉琨璋、唐际根、张春龙四位同学到南海鱿鱼岗实习。她和李岩几乎天天和他们在一起，回到广州，大伙儿还时不时到她家里打牙祭。三十年过去了，他们还经常谈起她，说朱老师既像严父那样要求他们，又像慈祥的妈妈一样关怀他们，虽然远

▲ 1996 年 5 月 5 日，大学同班同学与苏秉琦、贾兰坡先生在一起

离家乡，但那几个月，他们谁也没有远离家门的感觉。其实，她不仅对自己母校的老师和同学如此，对她们单位的年青同志也是一样。正因为她一心一意为单位、为同事着想，她才会成为深受大家爱戴的一位长者。

1958年学校搞“文体大跃进”，我们曾豪迈地喊出：“为祖国健康工作五十年”的口号，我和我们班的郑杰祥、杨育彬、齐心、吴梦麟同非素是同岁，从1961年毕业到今年，连续工作了54个年头，已超额完成了指标，比我们大的，当然超额更多。非素一生投入精力最多、费时最长的石峡考古发掘报告已经出版，作为自己智慧结晶的考古论文集《岭外求真——朱非素考古论集》，科学出版社考古分社派专人将样书送达她面前时，她虽不能说话，但她女儿陈丹电话中对我说：“妈妈脸上露出了满意的微笑。”

我想对朱非素说：“你不必再有什么遗憾，你该做的都做到了，你对得起你挚爱的祖国，对得起你钟情的事业，对得起自己的单位和同事，还有我们这些同班的、前后班的以及所有爱你的人。”你听，告别的乐曲已经奏响；你看，送行的人群已簇满大厅。的确该上路了，我们这些不能赶到现场的同学、朋友，只能在心里默默为你送行。你不必悲伤，你看，先你而去的我们班的老大哥顾敦信、李发林、施祖伟、华向荣，还有早在32年前就跑去占座的何纪生，都在向你招手呢。你要面带微笑、唱着你最爱唱的动听的歌前行……

非素，一路走好。我们会永远记着你！

李伯谦在《感悟考古》中说，1963年，他刚毕业两年，24岁，留校任教。书中说到他的老师苏秉琦批评他，也说到他的老师邹衡的工作精神。他在回忆两位老师的时候，已是78岁的北大教授，著名的历史学家、考古学家，但他在文中仍没齿难忘，心情激动如初。

教研室派李伯谦去偃师二里头带实习生。因为毕业后，教育部规定的应读的书都没读完，他想读书，不想去田野。这事儿让教研室主任苏秉琦先生知道了，把他叫去狠狠地批了一顿。苏先生说：“听说你不想下去啦！是不是觉得田野这一套已经过时了？书本是学问，当然要读，但田野也是学问，对考古专业的老师来说是更重要的学问，不要以为参加过几次实习就算可以了，其实还差得远呢！考古教研室青年教师里头，除了邹衡，谁的摸陶片功夫过关了？当考古专业的老师，就要立足田野，没有这个思想准备，不会有大的出息。”李伯谦说：“苏先生一针见血的批评，使我端正了态度，以后几十年再没有为下田野有过怨气，而且每次下去都会得到新的信息、新的收获。”

李伯谦老师还讲了一个邹衡先生的故事。苏先生说的“摸陶片”功夫，其实就是类型学本事。他回忆道：“邹衡先生是我们的老师，圈内人都知道，邹先生是分型分式搞器物排队的高手。同学们私底下还有这样一个传说。1960年邹先生带学生在洛阳考古所工作站整理王湾的材料。下午他进入库房拼对陶片，晚饭没吃，一直干了一个通宵。第二天早晨同学们喊先生吃早饭，只见邹先生两只手里都拿着陶片，正津津有味地往一块凑呢。听到喊他，他随声答道：‘几点钟啦？都该吃晚饭啦！’我没问过邹先生此事是真是假，但即此已足见邹先生对类型学研究的投入、执着和从中得到的乐趣。”

李伯谦谦和，温文尔雅，大家风范。放在历史的位置上，李伯谦的快乐是在漫长的历史中寻找，然后将快乐放在心灵的神龛，枯燥、单调、孤独、重复，日复一日，年复一年地将这些转化为快乐，成为他一生的动力。

读写生命大地，已融入李伯谦的生命年轮，已经化为日常生活的意义。李伯谦严谨的理性思考那是一束阳光，虽不能普照大地，却照亮了他的同人和他自己。

中华大地通常分为八块来考察，黄河上、中、下游是三块，长江上、中、下游是三块，辽河流域一块，岭南地区主要是珠江流域是一块。这八大块都有李伯谦坚实的脚步，挥动的手铲，深刻的思想。

李伯谦的著作等身，他的论述分类如下。

1. 中原篇

《论造律台类型》《二里头类型的文化性质与族属问题》《东下冯类型的初步分析》《先商文化探索》《夏文化与先商文化关系探讨》《后李商代墓葬族属试析》《冀族族系考》《天马—曲村遗址发掘与晋国始封地的推定》。

（1）夏商周考古部分文论（专论19篇，摘7篇目）

《关于夏文化探索的谈话》《关于早期夏文化——从夏商周王朝更迭与考古学文化变迁的关系谈起》《大师姑二里头文化城址发现的意义》《连云港文化遗迹考察的观感与联想》《禹都阳城的新证迹》《新砦遗址发掘与夏文化三个发展阶段的提出》《对郑州商城的再认识》。

（2）单列晋文化（计14篇，摘6篇目）

《晋侯墓地发掘与研究》《晋侯苏钟的年代问题》《晋穆侯夫人随葬玉器反映的西周后期用玉观念的变化》《晋侯墓地墓主推定之再思》《眉县杨

▲ 2012 年 4 月 17 日，北京大学考古专业成立 60 周年纪念会后，1956 级考古班同学及家属摄于恭王府

家村出土青铜器与晋侯墓地若干问题的研究》《觋公簋与晋国早期历史若干问题的再认识》。

2. 北方篇

《论夏家店下层文化》《张家园上层类型若干问题研究》《北京房山董家林古城址的年代及相关问题》《从灵石旌介商墓的发现看晋陕高原青铜文化的归属》。

3. 南方篇

《广东咸头岭一类遗存浅识》《我国南方几何形印纹陶遗存的分区、分期及有关问题》《试论吴城文化》《马桥文化的源流》《湖熟文化研究中的若干问题——在湖熟文化命名三十周年学术讨论会上的发言》《吴文化及其渊源初探》《香港南丫岛出土的牙璋的时代和意义》《城固铜器群与早期蜀文化》《对三星堆文化若干问题的认识》《长江流域文明的进程》。

4. 中华文明起源与形成研究

《关于中国古代文明研究的几点设想》《以夏商周断代工程成果为起点深入探讨中原古文明》《中国古文明起源与形成研究的回顾与展望》《夏文化探索与中华文明起源与形成研究》《考古学视野的三皇五帝时代》《中国古代文明演进的两种模式——红山、良渚、仰韶大墓随葬玉器观察随想》。

5. 青铜文化综论。

《中国青铜文化的发展阶段与分区系统》《庄重典雅的商周青铜器》《中原地区东周铜剑渊源试探》。

李伯谦对我说："自 1961 年我从北大考古专业毕业算起，至今已在考古战线上工作了五十年。记得 1958 年学校推行'文体大跃进'，我们曾豪迈地喊出'为祖国健康工作五十年'的口号。五十年走来，虽无大的创获，但仅从时间来说，这个指标算是完成了。"

作为一个农民子弟，当年穿着母亲亲手缝制的粗布衣考上北大的时候，他会幸福满满，快乐每一天。五六十年代的人，单纯、敞亮，有激情，易满足。"为祖国健康工作五十年"，质朴的情感，心系国家，也只有那个时代的人才会说出这样的肺腑之言。

李伯谦的明净的身影，在中华大地上行走，那是他的学术现场，他在读写生命大地，他唤起的是历史感应，融动的是现实情怀。"书生留得一份狂。"李伯谦站在精神高地，以血肉之躯，以智慧和思想培育出不再属于自己而成为一种历史的作品，而这也成为他与师长、学生、朋友永远的精神家园。

当下的意义：
中国古代文明化历程的八点启示

“白首穷经通秘义”。

《人民日报》《光明日报》《求是》刊发“八点启示”。

历史创造了未来。

血脉传承，记忆、语言，与过去保持着千丝万缕的联系。

书写中华五千年文明史。

内心独白起波澜。

2007年8月18日，李伯谦在国家图书馆“部级领导干部历史文化讲座”上演讲。他说：“中国是5000年文明古国，但是这个结论从世界范围来看，并没有得到公认。”2007年，距离“夏商周断代工程”取得阶段性成果已有7年。但是，当时国外的历史书，只要涉及中国古代的历史，几乎全是从周朝开始的。这次李伯谦的演讲题目为“夏文化探索与中华文明起源与形成研究”，第一个问题是研究夏文化的意义。他说：“中国究竟是什么时候开始形成文明了，这个文明分为几个发展阶段，每个阶段有什么不同的特点，最关键的是要把夏代弄清楚。”

李伯谦在他的《传承华夏文明，共迎民族复兴——从河南省重大考古发现源起》一文中说：“夏代是见于文献记载且为学术界公认的中国历史上第一个王朝国家，禹是夏王朝的创立者，文献所记的‘禹都阳城’的阳城，经过考古工作者多年的探查和发掘，已确定就在今登封告城镇。”

李伯谦探究历史和未来，有三个出发点：一、关乎天下，以察时变。二、立足于民族精神的原点，它必须与历史发生关系。三、具备一种深邃的历史精神和历史价值，从而完成更宏大的历史使命。忘记历史的民族是没有未来的，探究中华五千年文明史，是李伯谦的历史使命，也是我辈责无旁贷的使命。

李伯谦一贯认为，“考古学不是坐而论道，不是发思古之幽情，是通过研究历史，总结经验教训，为现在的和今后的社会主义服务”。所以，他总结了为当下和未来国家建设服务的“八项启示”。2015 年 6 月 15 日，李伯谦在河南博物院演讲“历史的启示”。在演讲中，他将对历史的启示归纳为八项。

1. 文明模式的不同选择导致了不同的发展结果。如上所述，在距今 6000 年至 4300 年这一时段，中华大地许多地方都开始了由基本平等的氏族部落社会向不平等的国家社会的过渡。由于不同地区文化传统的不同，在向文明演进过程中，选择的模式也不一样。红山古国走的是通过铺张的祭祀活动崇尚神权的道路，一切由神的意志来决定；仰韶古国走的是崇尚军权、王权的道路；凌家滩古国走的是军权、王权和神权并重而突出神权的道路。实践证明，崇尚军权、王权的仰韶古国，因比较简约并注意社会的持续发展而延续下来了；崇尚神权的红山古国和虽有军权、王权但突出神权的凌家滩古国，却因社会财富被过度消耗而消失了。事实告诉我们，作为一个民族、一个国家，选择怎样的道路是决定其能否继续生存发展的关键。

2. 文明演进的道路不是笔直的、一帆风顺的，中间是可能发生改变的。良渚文化的前身是崧泽文化，崧泽文化本来也是以军权、王权为主的，如果它按照这个道路继续走的话，它也可能像中原地区一样。但是，当它发展到良渚文化这个阶段时，开始接受红山文化，凌家滩遗址崇尚神权的宗教观，把大量社会财富贡献给神灵，越陷越深，不能自拔，因此垮下去了。

3. 中国古代文明演进的历程是不断实现民族文化融合、不断吸收异民族文化先进因素的历程。实践证明，这是中国古代文明不断壮大、得以持续发展的重要动力。当然，在民族文化融合过程中，其主流虽然是和平的、浸润式的、渐进的，但囿于时代的限制，也不可否认，曾存在过非和平的、强制性的情况，这是应予避免的。对异民族文化因素的吸收，不是全盘照搬，而是根据自身发展需要，加以选择。

4. 中国古代文明演进过程中，从氏族部落社会时代一直延续下来的血缘关系和由此产生的祖先崇拜，是自身保持绵延不绝、持续发展的重要原因。

5. 中国古代文明演进过程中，共同的信仰和共同文字体系的使用与推广，是维护自身统一的重要纽带。

▲ 2009 年 10 月登北京水长城

6. 中国古代文明演进过程中形成的“天人合一”“和而不同”“和谐共存”等理念，及在其指导下正确处理人与自然、人与人、国与国等关系的实践，是自身比较顺利发展的保证。

7. 中国古代文明演进过程中，中央集权的政治制度对保证大型工程的兴建和国家的统一，发挥了重大的不可替代的作用，但过度运用，也在一定程度上束缚了人们的思想和创造性。

8. 中国古代文明演进的过程，也是阶级形成，统治阶级与被统治阶级不断斗争—妥协—斗争的过程，统治者推行的政策，即使符合社会发展的要求，也需要得到广大人民群众的理解，不可超过他所能够忍受的限度。秦始皇推行的一系列政策如筑长城、开运河、修驰道等举措，无疑有益于国家，有益于民族长远利益和发展，但操之过急，强迫命令，横征暴敛却会激起民愤，倏忽而亡。魏征向唐太宗进言就说，“水能载舟，亦能覆舟”，这是经验的总结。其实恩格斯说到国家起源时就说过，国家是把统治阶级和被统治阶

▲ 2015 年，与郑州市文物考古研究院杜新副院长在一起

级的矛盾斗争控制在一个范围之内，不使其达到两败俱伤、两败俱亡的程度。这是国家重要的职能，封建时代如此，现在也有积极借鉴意义。

中国古代文明源远流长，绵延不绝，在其由古国到王国、由王国到帝国几千年的发展过程，有许多文明创造，积累了丰富的经验，当然也有过这样那样的教训。回顾这一历程，发扬优秀传统，总结经验教训，对于中华民族未来的科学发展，构建和谐社会、和谐世界，具有重要的借鉴和参考意义。

李老师讲完“八条启示”，意犹未尽，他说，中央大力发展文化事业，对我们考古是一个财富。前一段有人对我说，祭城路改名了，我反对，祭城是古国，保留一点儿乡愁，路改名了，还有什么乡愁可言。

李伯谦说，读写生命大地也好，书写中华五千年文明史也好，反正这就是一个考古工作者的本分。我有幸要到李伯谦的学术日记。日记真实记录了李老师 2015 年 12 月一个月的工作与生活状态。

十二月一日，周二。上午继续在文化大厦参加“戴家湾·石鼓山出土青铜器研讨会”。讨论会由我主持。

十二月二日，周三。和郑杰祥、王文华一起，代表中华之源与嵩山文明研究会，到中国社会科学院考古研究所检查由所长王巍领衔的“嵩山地区文明化进程与华夏文明的形成”重大课题进展与经费使用情况。由高江涛汇报。

十二月三日，周四。上午飞武汉，由大冶市派车接往大冶。

十二月四日，周五。上午，在大冶会展中心礼堂，作由大冶市委市政府主持的“中国青铜文化与大冶铜绿山铜矿”报告。报告会由市委李副书记主持，700 多位干部参加。见到了湖北省博物馆、湖北省文物考古研究所在铜绿山主持发掘的陈树祥。下午，由铜绿山管委会办公室张德祥陪同到武汉机场，见管委会主任兼金湖区书记冯海潮同志，然后飞返北京。

十二月五日，周六。在家，为高崇文老师《古礼足征——礼制文化的考古学研究》作序。

十二月六日，周日。为崇文大著作序毕，发崇文过目修改。

十二月七日，周一。去学校，会刘绪、孙庆伟、张敏诸位。

十二月八日，周二。大雾霾。给山西博物院石金鸣院长写信，谈华觉明先生准备研究的晋侯苏钟铭文铸刻方法问题，希望支持。

▲ 李伯谦主持郑州中华之源与嵩山文明研究会的会议

十二月九日，周三。和刘绪、常怀颖一起，乘高铁赴曲阜东，由莒县方面派车来接，宿莒县大饭店。下午四点，出席在莒县博物馆召开的老馆长“苏兆庆参加文物工作六十年座谈会”。苏先生一生从事文物工作，精神感人，值得表彰，值得学习。晚上，参加“山东青铜文化研究会成立大会”。

十二月十日，周四。由北大震旦古代文明研究中心和山东省考古学会联合举办的“青铜器与山东古国研讨会”开幕。90 多人参加。雷兴山代表北大震旦古代文明研究中心致词，刘绪老师做会议总结，我也讲了话。

十二月十一日，周五。上午考察凌阳河、大朱庄遗址和社会科学院考古研究所“鲁东南考古基地”。凌阳河和大朱庄都出土过大汶口文化的陶器刻符，十分重要，以后有可能再发掘一次。“考古所鲁东南基地”是一个很好的模式，中央机构在各地发掘的标本集中展陈，既可更好地保护，又发挥了社会教育作用。下午返京。

十二月十二日，周六。赴中国社会科学院考古研究所，参加“陶寺 1978—1985 发掘报告首发式暨陶寺遗址与陶寺文化研讨会”。社会科学院副院长李培林，临汾市委书记罗清宇、市长岳普煜和参加陶寺发掘的高炜、高天麟、徐殿魁、李健民和现任所领导诸位都参加了会议。我在会上发言，重申了“陶寺是中原地区最早出现的、最大的王国都城，陶寺是尧都”的观点。

十二月十三日，周日。在家，阅赵富海《读写生命大地》第三稿，建议强调一下“八点启示”。下午，在家阅读山东大学高峰学科建设评审材料。

十二月十四日，周一。去学校，请孙庆伟帮助复印《考古学经典选读》有关文章。

▲ 李伯谦老师近影

▲ 李伯谦老师近影

十二月十五日，周二。阅李尚师《古代治国方略史鉴》书稿，为写序做准备。

十二月十六日，周三。看李尚师书稿。

十二月十七日，周四。看李尚师书稿。

十二月十八日，周五。乘高铁赴济南，路国权受方辉委托接站，宿山东大学西校区学府大酒店。参观山大博物馆。

十二月十九日，周六。今天参加山东大学校长张荣主持的“山东大学高峰学科评审会议”，请了不少院士和知名学者。

十二月二十日，周日。上午路国权和山东省文物考古研究所副书记刘延长接我去山东大学参观考古实验室。山大有动物、植物、石玉器、体质人类学、DNA、土壤、金属共8个科技考古实验室，实力提高很快，给人以目不暇接之感。

十二月二十一日，周一。去学校见刘绪，他讲了去侯马的情况，据他说的情况，在三张村新发现的城真有可能早到西周时期。

十二月二十二日，周二。酝酿为李尚师大著作序。

十二月二十三日，周三。给台湾震旦集团董事长陈永泰、董事吴棠海、馆长张临生寄贺卡，感谢他们对北大震旦古代文明研究中心的支持。

十二月二十四日，周四。去学校参加社科处和杭侃院长召开的虚体研究中心座谈会。接受上海《解放日报》记者有关陶寺遗址的采访。

十二月二十五日，周五。去学校，参加考古文博学院召开的年终全体成员大会。

十二月二十六日，周六。和刘绪老师一起应邀飞昆明，晚点，宿春城花园酒店。

十二月二十七日，周日。早上，先去参观云南省文物考古研究所实验室正在处理保护的甘棠菁旧石器遗址出土木器，据称年代可早到50万年以前，是世界上发现的最早木器标本，十分重要。又在实验室看了八塔台出土的铜、陶器。然后至通海，参观兴义贝丘遗址发掘，出有房基、墓葬，应是首见。午饭后至曲靖，宿邦福锦江酒店。

十二月二十八日，周一。上午去八塔台墓地发掘现场考察。康先生是领队，做得很细，在一个大土丘内有许多带封土的墓葬，彼此之间有的有打破关系。有点类似南京博物院考古所林留根在溧阳发掘的土墩墓，建议参考一下。午饭后回昆明，由刘旭所长、闵锐副所长陪同飞临沧，宿空港大酒店。

十二月二十九日，周二。早上参观广允佛寺和永和口岸。午饭后至沧源，宿阿佤酒店。

十二月三十日，周三。上午去看沧源岩画，用红颜料画成，有些画面尚可辨识。只是保护是个大问题，搭盖的防水棚实际不起作用，因为危害最大的是由岩石缝隙流出的水的冲击。云南省文物考古研究所将采取新的措施。

十二月三十一日，周四。上午由临沧飞返昆明，转机回北京，十分不巧，办手续时，将刘旭、刘绪两人的身份证号弄混，飞机晚点，我还是于当晚回到北京。

日程满满当当，李老师真是乐此不疲。他是一位读写生命大地的跋涉者，他在这条道路上走了一辈子，一辈子“摸陶片是最大的享受”，现在还在路上。

钱穆先生把生命分解为身生命与心生命。李伯谦的身生命与心生命是一体的，它系在中华大地上，也系在家乡。他的兴奋，他的喜悦，饱含着家乡的滋味，家乡的情怀，流淌着他的生活。“摸陶片是最大的享受”，陶片是他生命的实在。我在梳理李老师的照片时，竟整理出几十张他与陶片的合影，或眼观，或手抚，或拥抱，笑逐颜开，在他眼中，陶片是艺术品。他曾对我说：“我没什么业余爱好”，陶片是他的爱好。在东赵遗址李老师的老宅（已成展室）门前，洗净的陶片散落一地，大者如半个碗，小者比拇指大些。李老师走在我们前头，他绕着散落的陶片走，直说“宝贝”。进到屋内，面对雷兴山教授带博士生整理的夏、商、周分期陶片，李老师蹲下观看，捡拾起抚摸，又抬手远看、近观，然后又蹲下，捡起一片，久久注视。一大群硕士、博士为之动容。一女博士对我说：“李老师动作敏捷，哪像快 80 岁的老人啊，我们从没这样认真过。”

那天，天寒地冻朔风起。在东赵遗址，在夏、商、周三城，79 岁的李老师走在最前列，身后是一群在此工作和实习的男女硕士、博士，他们听见了李老师的那句“我一到工地就兴奋”。

那天，寒风将李老师羽绒服上的帽子刮掉，他站在一处高土台上，俨然一座雕像。他对寒风中伫立的雷兴山教授带的硕士、博士生说：“考古的科技手段越来越多，但最基本的田野发掘，不能丢掉。现在的挣钱的门路多了，考古工作不挣钱，但你走上考古这条路，你会钟爱一生。对导师的话、我的话，你们要分析，不要盲目听，要会提问题。”

这是历史学家李伯谦的激情澎湃，这是考古学家李伯谦的智慧之音，它有气场，它有力量。远处，接李老师去二里头的汽车驶来，司机正在朝他招手。明天，他将参加在二里头召开的“夏都遗址博物馆建设方案论证会”。李伯谦，这位读写生命大地的跋涉者，他在这条路上走了一辈子，现在还在路上……

附　录：
20 世纪中国知名科学家学术成就概览

李伯谦（1937— ），河南郑州人。考古学家。1956 年入北京大学历史系考古专业学习，1961 年毕业后留校任教，历任助教、讲师、副教授、教授、博士生导师。先后担任北京大学考古系副主任、主任，考古文博院院长兼赛克勒考古与艺术博物馆馆长，教育部人文社会科学重点研究基地北京大学中国考古学研究中心主任，北京大学古代文明研究中心主任，兼任中国考古学会常务理事、中国殷商文化学会副会长、全国哲学社会科学研究项目评议委员、中国河洛文化研究会副会长和名誉会长。李伯谦自 20 世纪 60 年代初即投身中国青铜时代考古，参与编写全国高校通用教材《商周考古》，并先后在河南偃师二里头和安阳殷墟、北京昌平雪山和房山琉璃河、江西清江吴城、湖北黄陂盘龙城、山西曲沃曲村等夏商周时期的重要遗址进行考古发掘，其所著《中国青铜文化结构体系研究》一书，是中国考古界第一次全面系统地阐述中国青铜文化的谱系和特征，标志着中国青铜时代考古进入一个新阶段。80 年代以来长期担任北京大学考古学科负责人，为中国考古学教学体系的建立和文物考古人才的培养做出了突出贡献。1996 年，任国家“九五”重大科技攻关项目“夏商周断代工程”首席科学家，是该工程考古领域的总负责人。2000 年，主持起草了《关于中国古代文明研究的几点设想》，并出任国家“十五”科技攻关项目“中华文明探源工程预研究”主持人，为深入探索中华文明的起源奠定了坚实基础。他所提出的“文化因素分析”方法、中国古代文明演进的“两种模式”、文明形成的“十项判断标准”和文明进程的“三个阶段”等学术观点具有重大理论价值。

一 成长经历

李伯谦出生于1937年3月22日，农历二月初十，东赵村李合文家添了3个孙子，因为是李家的长孙，就取名伯谦。

小时候他身体不好，母亲担心能不能长大成人。父亲李德馨上过几年私塾。1943年，6岁的李伯谦被送入村中小学读书，家中长辈对他这个长孙寄予厚望。特别是希望他将来能学医，这样不仅有一技之长，而且能够照顾家人。青少年时代的李伯谦勤奋好学，尤其是爱好文学，历史和地理也很出色，几乎每次都能考满分，很早就显露出在人文学科中的潜能。

1953年，即将升入高中的李伯谦却险些失学了。新中国成立初搞土改，李家先是被定为富裕中农，1952年土改复查，改定为地主，家境一下子变得紧张起来。父亲就想让他辍学去学门手艺来帮助养家，但充满求知欲望的李伯谦哪里肯放弃学业，苦苦说服父亲同意他继续念书。1953年夏，李伯谦进入荥阳高中，当时荥阳是开封行署所在地，荥阳高中师资力量雄厚。进入高中后，李伯谦格外珍惜来之不易的学习机会，更加刻苦努力，成绩在学校中名列前茅。

1956年夏，李伯谦以优异的成绩考入北京大学，但此时这位农家子弟根本不知道考古是何物，而是满怀着对鲁迅、郭沫若和茅盾等作家的无限崇拜报考了中文系，梦想着将来也能当一名作家。结果是中文系没录取，却由于历史成绩突出而进了北京大学历史系。这一年的夏天，瘦弱的19岁农家子弟李伯谦带着他母亲亲手缝制的几件粗布衣服，只身来到了北京西北郊的燕园——这个他将毕生为之服务的地方。而此时，他这一年的冬衣还没有着落——靠着一件从学校申请来的棉大衣，李伯谦在北京大学度过了第一个冬天。

大学校园里充沛的精神食粮，让李伯谦对物质上的匮乏毫不在意。当时北京大学历史系共有中国史、世界史、考古三个专业，第一年不分专业，全体学生合在一起上基础课，张政烺、齐思和、邓广铭、商鸿逵、田余庆、许大龄等相继授课，令李伯谦大开眼界，暗自为误打误撞进了历史系而庆幸。可是到了1957年春夏之际，第一学年的学习很快就要结束，每个学生都要选择专业，这可让他犯了难，不知如何决定。这个时候，考古专业教旧石器时代考古的吕遵谔老师对他循循善诱，让李伯谦最终下决心选择了考古专业，从此开始了他一生的志业。而这年暑假，他回到家乡，还带着莫名的兴奋，在东赵村南的取土坎上捡了许多古代陶片，为发现了一处古代遗址而自鸣得意。

1958 年的暑假，又是在吕遵谔的带领下，李伯谦和同学们来到著名的周口店猿人遗址进行考古发掘实习，这是他入校两年以来第一次真正有机会接触田野考古，虽然在酷暑天进行野外发掘非常辛苦，但在年轻人的热情和强烈的求知欲面前，一切困难似乎都不值一提。特别是发掘期间，郭沫若、裴文中、杨钟健和贾兰坡等到工地上看望大家，更激发了他对考古的热情。发掘间隙，李伯谦和同学们一起查找资料，访问科学家和老技工，在老师的指导下编写了《中国旧石器考古小史》。经过这次短暂的田野实习，李伯谦渐渐揭开了考古神秘的面纱。

1959 年的春天，李伯谦迎来了他大学期间第一次完整的田野考古实习——发掘陕西华县泉护村和元君庙新石器时代遗址。从这年的 3 月到 8 月，李伯谦不仅发掘了元君庙仰韶文化早期的墓地，亲手清理出几千年前的氏族社会墓葬，还到了临潼、西安和宝鸡等地的考古遗址和博物馆参观，真真切切地体会到考古工作是研究古代社会的重要手段。这一次实习，坚定了他献身考古事业的决心。

1961 年夏，成绩优秀、各方面表现突出的李伯谦，被留在北京大学历史系考古专业任教，从事田野考古和中国青铜时代考古。此后的数十年间，他始终坚持在田野考古的第一线，先后主持和参加考古发掘 20 多次，开展考古调查 50 余次，工作区域北至黑龙江肇庆，南至广东揭阳、汕头，西至青海西宁，东至山东泗水。特别是青铜时代的重要遗址如河南偃师二里头和安阳殷墟、北京昌平雪山和房山琉璃河、江西清江吴城、湖北黄陂盘龙城和荆州荆南寺、山西曲沃曲村，无不留下了他的身影。

长时期与大范围的田野考古实践，为李伯谦打下了坚实的学术基础。1972 年，他参与编写了中国第一部青铜时代考古教材——《商周考古》，随后相继完成了《中国青铜文化结构体系研究》《文明探源与三代考古论集》《感悟考古》三部著作，奠定了他在中国青铜时代考古领域的突出地位。20 世纪 90 年代以来，他长期担任北京大学考古学科的负责人，主导了这一时期北京大学考古学科的建设和发展，并先后出任国家"九五"重大科技攻关项目"夏商周断代工程"首席科学家、国家"十五"科技攻关项目"中华文明探源工程预研究"主持人，为中国考古学科建设、人才培养和重大学术问题研究做出了卓越贡献。

二 主要研究领域和学术成就

（一）完善商周考古教学模式，构建青铜文化结构体系

1926 年，考古学家李济发掘了山西夏县西阴村遗址，这是中国学者自己主持的第一次考古发掘工作。1928 年，在傅斯年的努力争取下，刚刚组建的中央研究院设立了历史语言研究所，下设考古组，聘请李济担任考古组主任。历史语言研究所成立伊始，就选择安阳殷墟遗址开展考古发掘，从此揭开了中国国家考古机构进行青铜时代考古研究的序幕。从 1928 年到 1937 年，历史语言研究所考古组在殷墟进行了 15 次发掘，获得大量珍贵资料，而这也几乎是新中国成立之前全部的青铜时代考古材料。但随着国民党政府的败退，这批资料以及历史语言研究所的主要研究人员都移往台湾，新中国的青铜时代考古几乎是在一片空白上起步的。

1961 年 10 月，在北京大学历史系考古专业学习了五年的李伯谦，因品学兼优被考古专业主任、考古学家苏秉琦相中，留校任教。由于当时考古专业商周考古方向的教员仅有邹衡一人，所以，苏秉琦建议李伯谦以商周考古为自己的主攻方向。未等在校园里安顿下来，李伯谦就打起行囊，与邹衡、俞伟超、高明等几位教员一起，带领考古专业 1958 级学生来到北京昌平雪山遗址进行考古发掘。这次发掘，不但发现了相当于夏商时期的雪山三期文化遗存，而且发现了西周时期遗存和东周时期的燕国墓葬，首次带队发掘就接触到大量青铜时代遗存，这让李伯谦更加坚定了今后从事青铜时代考古研究的志向。

1962 年 9 月，李伯谦又和高明、严文明等同事，带领考古专业 1959 级学生来到安阳殷墟发掘。殷墟堪称中国考古学的圣地和摇篮，更是每一位从事青铜时代考古研究者的向往之地。在将近 5 个月的时间里，北京大学师生们参加了殷墟大司空村商代遗址的发掘和资料整理，并对豫北纱厂和大正集等遗址点进行了调查和试掘。通过这次殷墟发掘，李伯谦获得了对殷墟商代晚期考古学文化面貌的总体认识。

1963 年 9 月，李伯谦又带领北京大学考古专业 1960 级学生到河南偃师二里头遗址进行考古发掘工作。二里头遗址是考古学家徐旭生 1959 年在豫西调查“夏墟”时发现的，遗址规模宏大，文化遗迹丰富，是当时探索夏文化的商汤亳都的重要对象。能够到二里头遗址开展工作，是夏商周考古

工作者梦寐以求的事情。发掘和整理工作一直持续到次年 1 月，不仅获得了丰富的遗迹遗物，而且把二里头文化遗存分为早、中、晚三期。

连续三年，他每年都有将近半年的时间在野外进行发掘和整理，这不仅充分锻炼了他的田野考古能力；更重要的是，这三处遗址在时间上纵贯了夏、商、周三大历史时期，二里头和殷墟更是夏商两代都邑性遗址，这让李伯谦在最短时间内建立起完整而又扎实的夏商周考古学基础。

李伯谦的学术生涯刚刚起步，政治形势就开始急转直下，政治运动接踵而来，先是 1964 年秋季的四清运动，再是 1966 年春季的半工半读运动。其间，只有 1965 年秋冬季他带领学生在安阳殷墟开展了一个完整的发掘季，发掘了豫北纱厂商代墓葬以及大寒寨、鲍家堂等地的龙山时代遗址。1966 年 6 月，“文化大革命”开始，学术活动被彻底终止，李伯谦一度被安排到北京大学哲学系学哲学。被迫离开了自己心爱的专业，李伯谦在心理上十分苦闷，但他没有消极，而是利用空闲时间充实自身的专业知识。

1971 年，北京大学考古专业要为次年招收工农兵学员做准备，把李伯谦从哲学系抽调回历史系。回到本专业的首要任务，就是协助他的老师邹衡为即将入学的第一批工农兵学员编写《商周考古》讲义。从 1961 年毕业留校到 1971 年返回本专业，前五年基本上是在考古发掘工地上度过的，后五年则大多耗费在政治运动中，当了十年老师的李伯谦，居然还没有一次登台讲课的机会，而突然却要接受编写专业教材的任务，李伯谦面临的压力是可想而知的。

按照分工，李伯谦负责《商周考古》讲义的序言和商文化这两部分。虽然李伯谦没有授课经验，但他的殷墟两次发掘的宝贵经验发挥了关键作用，田野发掘让他对殷商文化有了最直观的认识，所以很快就写出了高质量的讲义，并于 1972 年印出了铅印本作为当年入学学生的教材。此时，国内很多高校的考古专业还开不出完整的商周考古课程，所以李伯谦分别于 1973 年和 1979 年应山东大学和南京大学之邀，为两校新成立的考古专业讲授商周考古课程。

在随后的几年中，北京大学考古专业还把这份铅印本《商周考古》讲义寄赠全国各有关单位征求意见，最后由邹衡执笔修改完成的正式教材《商周考古》一书，于 1979 年由文物出版社出版。这是中国青铜时代考古领域第一本系统教材，一经出版，广获好评，成为全国高校考古专业的通用教材，并于1988年获全国高等学校优秀教材奖。次年，由邹衡、李伯谦和刘绪共同主持的“商周考古课程教学改革与收获”获国家优秀教学成果奖。《商周考古》的出版，标志着中国高校考古专业中青铜时代考古教学体系的首次确立，北京大学“商周考古”课程体系则成为国家模式，为全国各高校所沿用。

在参与编写教材的同时，李伯谦一刻也没有放松田野考古工作，他似乎又回到毕业留校之初的那段时光，年年奔波在考古工地上。1972年，他发掘北京房山琉璃河西周燕都遗址；1973年，他带学生赴石家庄、安阳、郑州和洛阳等地参观学习；1974年，和江西省博物馆合作，发掘清江筑卫城新石器时代遗址和吴城商代遗址；1975年远赴青海，发掘乐都柳湾和甘肃永登连城史前遗址；1976年南下湖北，发掘黄陂盘龙城商代遗址；1977年，出席河南登封告城遗址发掘现场会；1978年，在承德整理内蒙古敖汉旗大甸子遗址出土的夏家店下层文化墓葬资料；1979—1980年，连续对山西曲沃县的天马—曲村晋国遗址进行调查和发掘；1981年，又赴湖北孝感地区调查当地新石器和商周时期遗存；1982年，在安徽六安、霍邱、寿县一带进行考古调查和试掘……

考古学是一门最讲究材料的科学。连续多年的野外发掘，一方面是艰苦的生活和工作条件以及无法照顾家庭的深深歉疚，但同时也让李伯谦极大地拓展了眼界，迅速地丰富了知识结构，并爆发出旺盛的创作力，连续完成了多篇高质量的论文，对夏、商、周三代考古的若干重大问题均提出了独创性意见。

夏文化探索被誉为中国考古学的“哥德巴赫猜想”。自20世纪50年代以来，广泛分布于晋南和豫西的二里头文化成为探索夏文化的主要对象。1963年，李伯谦曾经带领学生在二里头遗址发掘过整整一个学期，对二里头文化并不陌生。当时学术界对于二里头文化与夏文化关系上有多种不同认识，他的老师邹衡教授力主二里头文化一期至四期都是夏文化。1981年，李伯谦发表《东下冯类型的初步分析》一文，对二里头文化分布在晋南地区的东下冯类型遗存进行详细分析，论定东下冯类型在年代上晚于二里头类型，分析出东下冯类型的主要文化因素来源于二里头类型，同时继承了以陶寺上层为代表的晋南龙山文化的某些因素，并先于二里头类型接受了先商文化的影响，从而得出了“夏族与夏文化的发祥地应在二里头类型主要分布区的豫西地区”，“随着夏族势力的扩展，夏文化才跨越黄河北向发展到山西南部”等重要观点。1986 年，李伯谦又对二里头文化的核心遗存——二里头类型进行了系统研究，完成《二里头类型的文化性质与族属问题》这篇重要论文，他从二里头类型中显著存在的山东龙山文化因素出发，结合文献记载，得出了二里头类型“既不是夏代晚期的文化，也不是整个夏代的文化，而很有可能是‘太康失国’‘后羿代夏’以后的夏文化”这一创造性观点，并提出“以临汝煤山二期为代表的由王湾三期文化到二里头文化的过渡类型遗存，论时间当已跨入夏代，很可能是夏代初期的文化”的推论。时至今日，上述观点和推论在夏文化探索研究中依然具有广泛的指导意义，并且得到越来越多考古材料的支持。

商代考古中，关于商人的来源问题，即对先商文化的认定，是一个关键问题，因为这不仅涉及商文化编年体系的建立，同时也是辨认夏文化的必由之路。20 世纪 80 年代后期，李伯谦先后发表《先商文化的探索》《论造律台类型》和《夏文化与先商文化关系探讨》等文章，提出，分布在豫北冀南地区的下七垣文化是先商文化、分布在豫东和鲁西南地区的河南龙山文化造律台类型不是先商文化而可能是有虞氏文化、夏商文化各有来源与去向等重要观点，极大地推进了先商文化的研究，堪称经典之作。

这一时期，李伯谦最重要的学术贡献是构建中国青铜文化结构体系。连续多年大范围、广时空的考古发掘，让李伯谦意识到中原地区以外青铜文化的重要性，他指出：“我之所以对中国青铜文化的结构体系课题情有独钟，是因为我很早就形成了一种认识。我认为，中国幅员辽阔，古代文化错综复杂，过去由于历史的原因，大家把中国青铜文化的重心放在中原地区的夏、商、周文化固然无可厚非，但随着中原以外各地大量青铜文化遗存的不断涌现，对之仍然不加重视，很可能就要犯‘以点带面’‘以偏概全’的错误了。”

因此从 20 世纪 80 年代起，李伯谦在密切关注中原地区夏商周考古学文化的同时，开始系统研究周边地区青铜时代遗存，着力探讨中国青铜文化的起源、发展以及不同谱系文化之间的影响、碰撞和融合等问题，以期对中国青铜文化形成一个鸟瞰式的认识。他在这一时期发表了一系列文章，对中国境内不同地区的重要青铜文化逐一进行研究。其中关于北方地区青铜文化最具代表性的论著包括：《论夏家店下层文化》和《张家园上层类型若干问题研究》两文，系统论述了华北北部和东北地区青铜文化的年代谱系；《从灵石旌介商墓的发现看晋陕高原青铜文化的归属》，论述黄河两岸晋陕高原地带青铜文化的属性；《内蒙古考古的新课题》一文，对内蒙古中南部青铜时代提出了指导性意见；《北京房山董家林古城址的年代及相关问题》，则分析了周文化北上并与燕山地区土著青铜文化融合的问题。关于中国南方地区青铜文化的重要论著包括：《试论吴城文化》一文，为赣江流域青铜文化确立了年代标尺；《我国南方几何形印纹陶遗存的分区、分期及其有关问题》，是学术界第一次对中国南方地区青铜文化进行了分区和分期研究；《湖熟文化研究中的若干问题》，对长江下游宁镇地区湖熟文化的年代和属性给出了指导性意见；《吴文化及其渊源初探》和《马桥文化的源流》两文，则分别对江浙地区吴、越文化的源流进行了详尽分析；《城固铜器群与早期蜀文化》和《对三星堆文化若干问题的认识》，着重研究了成都平原青铜文化的形成及其与中原青铜文化的交流。

在上述分区研究的基础上，1990 年，李伯谦发表了《中国青铜文化的发展阶段与分区系统》一文，文章把中国古代青铜文化发展历程划分为四大阶段，即：初始阶段，相当于历史上的夏代；发展阶段，相当于历史上的商前期；鼎盛阶段，相当于商后期与西周前期；衰落阶段，相当于西周后期至春秋末年。文章同时对上述各阶段中国境内不同区域内青铜文化的年代和特征进行了描述，在学术界第一次完整地阐述了中国青铜文化的结构体系。1998 年，李伯谦把上述相关研究以《中国青铜文化结构体系研究》为题结集出版，标志着这一研究体系的最终确立。

（二）确立三代年表，追寻中华文明之源

中华文明以历史悠久、光辉灿烂著称于世，但中外学者公认的历史年代只能上推到西周晚期的共和元年——公元前 841 年，这与中华文明悠久的历史很不匹配。1996 年 5 月 16 日，由时任国务委员李铁映和宋健共同倡导的“夏商周断代工程”宣布启动，把制定有充分科学依据的夏、商、周三代年表作为“工程”的主要目标。“工程”组织了来自历史、考古、天文、测年、古文献等多个学科超过 200 位专家学者，联合开展夏、商、周三代的年代学研究，聘请李学勤、席泽宗、仇士华和李伯谦等四人为首席科学家，

其中李伯谦为“工程”考古领域的总负责人。

作为“夏商周断代工程”的主要参与学科，考古学的关键任务有二：一是为“工程”建立科学和完整的夏、商、周三代考古学文化序列和分期标尺；二是为“工程”的碳十四测年提供文化属性明确、出土层位确凿的系列测年样品，以获取构建三代年表的必要数据。“工程”设立考古学专题研究 15 个，组织力量对 17 处遗址进行了新的发掘，几乎涵盖了夏商周三代全部重要遗址及主要考古学文化，取得了一系列重大成果，为建立科学的三代年表奠定了坚实基础。

作为负责考古领域的首席科学家，在“夏商周断代工程”实施的五年多时间内，李伯谦不但要统一规划课题设置，统筹各关键性遗址的考古发掘，积极协调各课题组以及各相关学科之间的研究计划和研究方法，更需要对重大学术问题和学术观点做出科学的裁决，这促使他对三代考古和年代学进行了全面深入的思考，由此获得一系列重要研究成果。

在夏代年代学框架中，夏王朝的始年是一个关键问题，它的基础就是必须对夏文化发展历程做出科学的回答。在“夏商周断代工程”实施期间，李伯谦以二里头类型是“少康中兴”之后夏文化这一论断为出发点，结合登封王城岗遗址和新密新砦遗址的新发现，明确提出了夏文化发展的三个阶段，即：以王城岗大城为代表的河南龙山文化晚期遗存，以新密新砦遗址二期为代表的新砦期类遗存，以偃师二里头遗址为代表的二里头文化代表了夏文化的早、中、晚期的发展轨迹。王城岗大城可能是史籍中“禹都阳城”的阳城，新砦期遗存可能是“后羿代夏”时期的夏文化，二里头文化则可能是“少康中兴”以后直至夏桀灭国时期的夏文化。上述论述为“夏商周断代工程”构建夏代的“基本年代框架”提供了考古学依据。

在商代年代学研究中，郑州商城与偃师商城何者可以作为夏商分界的界标，是学术界最为瞩目的焦点。针对有学者主张偃师商城是夏商分界唯一的界标，李伯谦在全面梳理郑州商城历年发掘材料的基础上，综合“工程”实施期间新获资料，撰写了《对郑州商城的再认识》一文，辨认出郑州商城内相当于成汤灭商前后的多组遗存，从而为论证郑州商城为夏商分界的界标之一奠定了基础。

“夏商周断代工程”要求对西周各王“提出比较准确的年代”。自 1992 年以来，李伯谦主持了山西曲沃天马—曲村遗址晋侯墓地的发掘，清理了从西周早期到两周之际的 9 组 19 座晋侯及晋侯夫人墓葬，这是迄今为止考古发掘的最为完整的西周诸侯墓地，被誉为 20 世纪最重要的西周考古发现，是构建西周年代序列的极佳材料。作为发掘领队和“夏商周断代工程”的首席科学家，李伯谦针对晋侯墓地发表了一系列文章，厘清了该墓地的墓葬序列、墓主考定以及埋葬制度等关键问题，为确定西周列王年代提供了确凿的考古学依据。

2000 年 10 月，“夏商周断代工程”的核心成果“夏商周年表”公布，在国内外和社会各界产生了重大反响。但李伯谦并没有停下脚步，而是把眼光投向了更加深远的领域，主持起草了《关于中国古代文明研究的几点设想》，送呈当时的国家领导人，建议国家在“夏商周断代工程”的基础上进一步深入开展中国古代文明的研究。随后，“中华文明探源工程预研究”获批为国家“十五”科技攻关项目，李伯谦为主持人之一。

“中华文明探源工程预研究”项目的实施，激发了李伯谦对中国古代文明的起源、形成、发展和特征等重大问题进行深入探索，他这一时期的主要研究成果集中体现在《文明探源与三代考古论集》这部论著当中。该论著的一个显著特点，就是他以一个考古学家的身份，坚持一切问题的探讨从具体考古材料出发，不做空泛的议论，由此获得的若干重大结论极具客观性和说服力。如他从红山、良渚和仰韶文化大型墓葬的对比中，总结出中国古代文明演进存在重神权和重王权两种模式；从诸多考古材料中，归纳出中国古代文明进程历经酋邦、王国和帝国三阶段；从聚落分化入手，提出判断文明形成的十项标准，无不具有新意，发人深省。

受中国考古学奠基人夏鼐和苏秉琦的影响，李伯谦在他的很多论著中反复强调考古学是历史学的重要组成部分，考古学研究必须要上升到历史学研究的高度。他在“夏商周断代工程”和“中华文明探源工程预研究”中所做的突出贡献，切实地体现了他的上述理念，他以自身的学术实践为中国考古学的学科定位做出了完美的诠释。

（三）重视理论建设，强调研究方法创新

在长期的考古实践中，李伯谦深刻意识到理论方法的重要性，他说：“加强国际交流，大兴理论探讨之风，不断引进、借鉴国外考古学理论方法，在我们自己丰富的考古实践基础上总结提高，提出符合中国考古学发展需要

的理论方法，指导我们的考古实践，是促进中国考古学跃升国际一流、持续健康发展的重要保证。”为此，李伯谦多年以来一直坚持给北京大学考古专业的研究生开设考古学理论与方法课。但李伯谦和他的学生们不做纯粹的理论探讨，而是从解决具体考古问题出发，由此引导出一系列理论和方法的创新。

田野考古是考古学研究的基础。五十多年来，李伯谦始终坚持在田野工作的第一线，丰富的田野实践让他对考古学的基本方法——地层学有了深刻体会，意识到传统地层学的局限性，于是他大力提倡引入埋藏学的方法来研究古代遗迹现象中所包含的人类活动。埋藏学方法的运用，使考古学资料获取的途径与方式取得了突破性进展。

考古学文化是考古学研究中的基本概念，但考古学文化的组成十分复杂，如何正确认识每个考古学文化的属性，是开展考古学研究的核心环节。在大量实践的基础上，特别是在对吴城文化的具体研究中，李伯谦领悟到分辨一个考古学文化中所包含的不同文化因素的重要性，意识到它是继地层学和类型学之后，考古发掘、整理和研究必经的一个环节，随后他又成功地将这一方法运用到对二里头文化和晋陕高原青铜文化的研究中，并于 1988 年完成了《论文化因素分析方法》一文，系统地阐述了这一研究方法的必要性、作用和操作方法，指出它是由考古学研究过渡到历史学研究的桥梁。现在，文化因素分析方法已经成为中国考古学研究的基本方法。

在对一系列考古学文化研究后李伯谦发现，虽然每一个考古学文化都在不断的变迁之中，但它们变迁的速率是不同的，那么，产生这种现象的原因是什么？经过对大量考古材料的分析，他提出了考古学文化变迁的“渐变”和“突变”模式。不仅如此，他还把考古材料上所见的上述模式与具体史实联系起来，如指出从河南龙山文化晚期到二里头文化之间的“渐变”现象，折射出夏王朝的建立是发生在部落联盟内部；而夏商之际和殷周之际考古学文化的“突变”，则正反映了夏商王朝更替和殷周王朝更替是异族入侵的必然结果。

在对考古学文化研究中，李伯谦还对考古学文化之间的互动与传播产生了浓厚兴趣，提出必须注意强势文化与弱势文化之间的差别，分辨文化传播的主体、中介与受体，体会文化传播中的激进与浸润模式，分析弱势文化对强势文化传播因素的抵制与选择，重视文化传播与文化交汇区的形成，关注文化传播的“文化飞地”与“文化滞后”现象。

李伯谦的学术生涯具有一个鲜明特色，那就是始终牢记考古学研究一定要上升到历史学研究。以往的考古学研究比较重视遗迹、遗物等物质遗存的研究，而比较忽视其蕴含的思想观念等精神领域的研究。李伯谦在自己的研究实践中，认为应该充分重视精神领域的考古，从对物的研究上升到精神文化的研究，这样才能对考古学文化及其反映的问题有一个全面的认识。所以，如何把考古学材料转化为历史研究素材是他一直关注的问题。他说：“通过考古调查、发掘出来的遗迹、遗物乃至遗迹现象，是人们在生产、生活等各种活动中遗留下来的，而在特定时间、特定地域内发现的具有共同特征的遗迹、遗物的总和，即考古学上所说的考古学文化。作为一名考古工作者，能够通过自己辛劳的工作发掘几处考古遗址，对遗址进行正确的分期，搞出一个考古学文化，无疑是对考古事业的重要贡献，但从考古学研究的整的过程来看，并不能就此止步。考古学是历史科学的有机组成部分，而历史是人的历史，是人类社会发展的历史，历史科学的使命是要研究人类社会发展的规律，考古学研究仅仅满足于遗迹、遗物的研究，见不到制造、使用这些遗迹、遗物的人和由人组成的社会，怎么可以满足、可以止步呢？”

作为考古学既要“见物”又要“见人”的具体实践，李伯谦十分注重对考古学文化的族属判断，他在《考古学文化的族属问题》一文中，对这项工作的艰巨性和方法的重要性进行了深入探讨。认为判断考古学文化的族属，必须首先做文献的可信性研究，再从时代、地域、社会发展阶段、文化特征与文物制度、文化关系与族际关系等多个方面加以考察，才有可能确定某支考古学文化是文献记载中的某族。

2014年，李伯谦完成了他的新著《感悟考古》。在长达数万字的导言中，李伯谦对考古学研究中带有普遍意义的17个问题展开了讨论，这本书既是他对个人学术生涯的一次整体回顾，更是对中国考古学理论与方法的全面反思。

（四）全力打造高水平教育平台，致力考古人才培养

北京大学考古学科与中国考古学共同起步。20世纪20年代，以田野考古为标志的近代考古学刚刚传入中国，得风气之先的北京大学即于1922年在文科研究所下设立了考古研究室，这是中国第一个考古专门研究机构。

新中国成立之后，为适应文物考古事业的大发展，在文化部和中国科学院考古研究所的积极支持下，北京大学历史系考古专业于 1952 年正式设立，这是中国高校设立的第一个考古专业，为国家的文物考古事业培养了大批优秀人才，是新中国考古学家的摇篮。

李伯谦长期担任北京大学考古学科的负责人，特别是 1992 年出任北京大学考古系主任之后，更是把学科建设放在第一位，全力打造高水平的人才教育平台。1995 年，针对当时考古学发展趋势及国内文物考古工作的需要，由李伯谦主持，对考古系的学科设置与教学内容进行了大幅度的调整与改革，为北京大学考古学科的大发展奠定了良好基础。1998 年，在李伯谦的积极筹划下，北京大学考古系发展壮大为考古文博院（2002 年改称“北京大学考古文博学院”），新增设古代建筑和文物保护两个专业方向，在稳固考古与博物馆专业的传统优势的同时，着力加大了科技考古方向的力度。同年，北京大学以考古文博院为依托，与国家文物局联合成立了“中国文物博物馆学院”，兴建了新的考古教学用楼。这次调整使北京大学考古文博院成为全国高校同专业中基础设施最完整、学科覆盖面最宽、教研力量最雄厚的院系。

1999 年，李伯谦以考古文博院为基础，联合北京大学相关人文学科，创办北京大学古代文明研究中心，并担任主任至今。十余年来，在他的规划与努力下，该中心出版了《古代文明研究通讯》60 期，出版古代文明研究丛书 30 余种，成为中国古代文明研究的重镇。

2000 年，在学校领导的支持下，李伯谦又组织以北京大学考古文博院为主的力量申报教育部人文社会科学重点研究基地——中国考古学研究中心获得成功，并出任该中心的首任主任。中国考古学研究中心的成立，进一步确立了北京大学考古在全国高校的领先地位。

数十年来，李伯谦一直奋斗在教书育人的第一线。作为一名教考古学的老师，他不仅在课堂上循循善诱，更在发掘区的探方里身体力行，真正体现了一名考古学者知行合一的优秀品质。他直接培养的研究生和博士生多达数十人，其中绝大多数活跃在考古工作的第一线，不少人已经是卓有所成的专家。他教过的北京大学考古专业的学生超过千人，得到他指点的全国各地的文物考古工作者更是不计其数。他对年轻人充满期待，鼓励他们积极创新，超越自己这一代学者。他曾经深情地写道：“青年是早晨八九点钟的太阳，你们要有雄心壮志，要发扬顾颉刚倡导的‘古史辨’运动的疑古精神，敢于向权威挑战，敢于和传统决裂，敢于独树一帜。……在学术发展史上，没有对传统结论的不断挑战，就没有创新，就没有发展。”

2011年，在北京大学考古专业工作了整整五十年的李伯谦这样写道：“时间过得真快，不知不觉间已进入老年，这是谁也无法抗拒的自然规律。但在精神上，说实在的，我还没有特别明显的感觉，心里常想的还是晋侯墓地发掘报告没有写完，雪山遗址的报告我再不整理可能就真的石沉大海了，而学术上一个又一个新问题又似乎都在向我招手，我还想继续探索。学术研究既枯燥又充满快乐，在你梳理材料、思考问题、寻找证据时，感觉是枯燥的；可一旦问题迎刃而解、豁然开朗，又是无比快乐的。”那就让我们衷心祝愿这位不服老的老人享受着越来越多的快乐吧。

三 李伯谦主要论著

北京大学历史系考古教研室商周组（李伯谦参编）：《商周考古》，文物出版社1979年版。

李伯谦：《中国青铜文化结构体系研究》，科学出版社1998年版。

李伯谦：《文明探源与三代考古论集》，文物出版社2011年版。

李伯谦：《感悟考古》，上海古籍出版社2014年版。

（原载《20世纪中国知名科学家学术成就概览·考古卷》第二分册，科学出版社2015年版）

后　记：

敬畏历史与生命

历史看不见摸不着，但它却涵盖了所有流逝的岁月，李伯谦在这岁月里与他的老师、同学、学生、朋友书写中华文明。

历史在考古学家手里呈一册册厚书沉降，却在我们心中铺开了一条灵魂的栈道。它让我们看到李伯谦对历史与生命的敬畏。

一座城市以往的历史包括文学在内，可能给我们更多的想象，向往的空间。深厚的历史背景，给我们的是传承的契机。

一座城有它不可复制的古代遗址，那是我们祖先的生存之地、生命之地，是我们的血脉传承、精神家园。一座城也有它的形象大使，他们或改变、或影响了历史进程和国家形象。在古代，郑州人有大禹、陈胜、韩非、子产、列子、杜甫、白居易、郑虔、李诫；在当代，郑州人何南丁领军河南作家（文学豫军），与陕军、晋军、湘军、京派、海派争锋，共同打造了中国文学的晴朗天空，他是中国文学的文化符号。2016年3月1日，李伯谦与我通话："我昨天参加了一部报告文学的研讨会，见到了文坛理论家雷达、闫晶明、李朝全等人。我对李朝全说，我看过赵富海写的《南丁与文学豫军》，写得好，写法独特。李朝全也说，赵富海不是一般的报告文学写法。"我在电话中对李老师说："我写的是郑州人李伯谦，中国的郑州人，世界的中国人李伯谦，他对中国的考古事业的贡献是巨大的，他已是当代考古学的载体，也是'跨文体'写作。"

萌动写李伯谦是在2012年，写成提纲是在2013年6月。2015年3月19日，我用短信将提纲内容发给李老师，他回电话说"看来我是非让你写不成了"，有些无奈。2015年6月14日，李伯谦看我写的提纲，地点在嵩山饭店天中楼一楼大厅。他只说了一句话："我尊重你的写法。"6月20日，我将改动过的提纲寄给他，他收到后即回电话说："《商周考古》是我老师的作品，必须将这段去掉！"

萌生写李伯谦，我背后有指引，他是郑州市文物局局长任伟博士。那是在一次学术研讨会结束，我俩在一块儿聊天时说到写几位当代考古界的重量级人物，他们的传记也是重要的考古史。任伟重点推荐写李伯谦。他说："你写李伯谦先生，突出他的学术贡献，同时，你写李伯谦，也是写新中国一代考古人。"这是在 2012 年 6 月。此后的一段日子里，写李伯谦成为我的兴奋点，无论是在开会间歇还是外出途中，我都在想如何写李伯谦，从文学体的定位到构思写作框架，再到具体的选材、措辞，等等，凡是认为重要的，我都会顺手拿起一支笔、一页纸，记下来。

我将数次与任伟的交谈梳理了一下，终于理解了为什么任伟让写几位重量级的考古学家。

任伟认为，中国的上古史在相当长的时间里是不被认同的。《史记》有关夏商周三代的记述，缺少太多考古实证。国外的很多学者认为，中国历史最早从西周晚期的共和元年（前 841）开始，之后才是信史，这与我们有着 5000 多年文明史的文明古国极不相称。重建上古史，始于 20 世纪 20 年代对仰韶文化、殷商甲骨文的考古发掘。20 世纪 90 年代启动的"夏商周断代工程"，李伯谦作为首席科学家，与 200 余位多学科专家，历时 5 年，取得了阶段性成果。《夏商周年表》将夏文化定为公元前 21 世纪至公元前 16 世纪，为我国公元前 841 年以前的历史建立了 1200 年的三朝年代框架，它标示了中国 5000 多年文明史的发展脉络，给后人留下一份完整的文明编年史。"夏商周断代工程"再次向全世界证明，中华文明是具有独立起源的文明之一，又是世界上唯一没有中断、一直绵延传承的文明。

可以这么说：考古实证了中华 5000 多年的文明史，没有考古就没有中国上古史。

任伟曾充满深情地对我说，发掘遗址是对小到一个聚落、大到一座城市乃至一个国家历史的揭示，考古工作传递的是历史沉淀后的思考、情感和故事，考古工作的贡献是巨大的，这一巨大贡献体现在考古发掘报告和简报里，它几乎不涉及个人。人们在参观遗址抑或遗址公园、博物馆时，是不知道发掘者个人及其背后的故事的。不能给予考古学家更大的社会认知度，影响了文明的传承与深化。为此，郑州市文物局将发现商城的三位考古先驱韩维周、安金槐、邹衡的半身铜像竖立在郑州商城城墙下，以纪念他们对这座城市的贡献，让郑州市民铭记在心，使三位考古工作者成为这座城市的记忆和历史。

考古先驱从历史走来，又走入历史，他们是这座城市生命的一部分，与城同在。

中国考古学建立迄今已有 80 多年，它真正发挥作用是在新中国成立后的 60 余年，重建中国上古史也是在这 60 余年。考古工作者是在还原历史、再现历史、丰富历史，他们在重建上古史的过程中，投入了自己的智慧和力量，他们的学术精神得到发扬，他们的事迹和故事得以传播，因此，考古工作者也成为了历史的一部分。

李伯谦先生就是当代考古学的载体之一。任伟说："我们要宣传他们为考古事业所做的贡献，宣传他们求真务实的学术精神，宣传他们的精神境界和思想品格，让社会通过他们了解我们的考古，记住一座城市的历史。"

本书的主编单位是郑州市文物考古研究院，院长顾万发始终关注本书。他能如数家珍地举出李伯谦在学术上的贡献。顾万发对我说："'夏商周断代工程'首席科学家，老家竟然在郑州东赵遗址，夏、商、周三城的城根儿，这简直是神话，是传奇。"还有副院长杜新，她很内敛。杜新和我一起推敲书名，定名"读写生命大地"和"有你明净的身影"。我俩一块猜，李老师肯定会用第二个，果然，李老师发来短信，用"有你明净的身影"。我俩大笑："猜中了。"

以上不仅是感谢，心中也是充满敬意的。

说到感谢，我还应记住两个人，一个是力勤彩色制印有限公司的刘东丽，她自 2015 年 3 月开始打印、扫描书稿，一直到 2016 年 3 月 26 日结束，长达一年。大改、小改十数次，改稿堆起已有三尺高，她投入了巨大的劳动。还有她的领导昝玉青，她嘱咐，只要是赵老师的活儿，停下所有，集中精力完成。

清代史学家、文学家章学诚说："文人之文，惟患其不己出。"我是傍边儿人，确有章大家所说的文人通病，所以，诚请方家指正。

创作是一种兴趣，是一种能力，更是一种责任。在当今所谓的轻阅读时代，我的写作一直是遵循内心的指引前行。我在路上。

李伯谦书写中华文明，那是他对历史与生命的敬畏。李伯谦修改书稿，如《诗经》中说："有匪君子，如切如磋，如琢如磨。"

2016 年 2 月 24 日我与李老师通话，他说："今天在北京，明天去山东，后天到三门峡。"他在路上。

赵富海

改于 2016 年 2 月 25 日

郑州近段少有的晴天

再改于 2016 年 8 月 6 日

郑州少有的桑拿天

赵先生好！我粗粗看了一篇，总印象不错，但

尚需认真核对修改！以下是一些意见，

请参考。马上登机了，不多！谢谢！照片另排。

李伯谦

11.5.

1. 封面和其他需要的地方请加上

"中国城市文明化历程的八点启示，值得我辈认真思考

2. 你写的序我觉得很好，有气势

3. 错字太多，是打印的问题

5、P.51中间我用红铅笔标出的地方，请查对改。

6、P.106应该接P107、P107应该接P108

7. P175—176. 八大启示非常重要，要写全。

8. P228结论，与引用的话，请核对一下。

9. 有些地方似有重复，可以再提炼一下。

李伯谦 匆匆

11.5. 登机前

▲ 李伯谦与作者赵富海的书信往来